ABTEI
BRAUWEILER

Herausgegeben vom
Freundeskreis der Abtei Brauweiler
sowie dem
Landschaftsverband Rheinland

BARBARA
SCHOCK-WERNER

ABTEI
BRAUWEILER

Fotografiert von
Florian Monheim

GREVEN VERLAG KÖLN

Inhaltsverzeichnis

ANNO

Seite 6:
Die Malerei über der Tür in einer der oberen Turmhallen stammt aus barocker Zeit.

Geleitwort

Die ehemalige Benediktinerabtei Brauweiler mit ihrer tausendjährigen Geschichte ist ein architektonisches Kleinod vor den Toren der Stadt Köln. Fast 800 Jahre nach seiner Gründung wurde das Kloster während der Napoleonischen Kriege 1802 aufgelöst, die Abteikirche zur Pfarrkirche der Gemeinde Brauweiler. In den Klostergebäuden richteten die Franzosen eine »Dépôt de Mendicité« (Bettleranstalt) ein, die in preußischer Zeit als Arbeitsanstalt der Rheinprovinz weitergeführt wurde. Daraus entstand später eine Landesklinik für psychisch Kranke des Landschaftsverbandes Rheinland (LVR).

Ab 1978 wurde die Abtei durch den Landschaftsverband von Grund auf saniert und zum Sitz bedeutender rheinischer Kultureinrichtungen, dem LVR-Amt für Denkmalpflege im Rheinland und dem LVR-Archiv- und Fortbildungszentrum. Seit dieser Zeit bietet der Freundeskreis Abtei Brauweiler e. V. (FAB) in enger Zusammenarbeit mit dem Landschaftsverband Rheinland ein vielfältiges Kulturprogramm an. Regelmäßig finden im Kulturzentrum Abtei Brauweiler Konzerte, Lesungen, Ausstellungen und Tagungen statt. Sie ziehen viele Besucher aus dem In- und Ausland an.

Dieser Band dokumentiert in Wort und Bild das reiche architektonische Erbe und die Schönheit der ehemaligen Abtei Brauweiler. Mit Barbara Schock-Werner und Florian Monheim konnten ausgewiesene Spezialisten für diese Publikation gewonnen werden. Dem Greven Verlag Köln danken wir für die Gestaltung des Buches.

Freundeskreis der Abtei Brauweiler
Landschaftsverband Rheinland

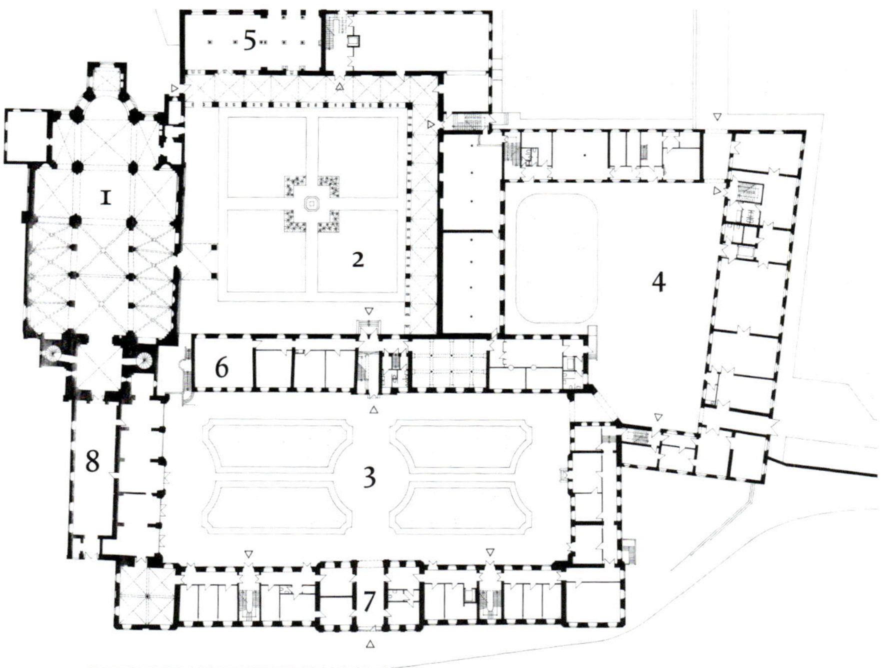

1 Kirche
2 Marienhof
3 Prälaturhof
4 Wirtschaftshof
5 Kapitelsaal und Benediktuskapelle
6 Mittelbau
7 Prälatur
8 Vorhalle

Lage und Ort

Westlich von Köln, in respektvollem Abstand und doch zur Umgebung der Stadt gehörend, liegt die ehemalige Benediktinerabtei Brauweiler. Die Gebäude versammeln sich auf einem flachen Hügel, der sich deutlich in das zum Rhein hin abfallende Gelände vorschiebt. Durch diese Lage und ihre beachtliche Höhe dominieren die sechs Türme der Klosterkirche eindrucksvoll das Umland. Über Jahrhunderte war dies nicht nur eine optische Dominanz. Lebensgrundlage der Abtei war die Herrschaft über all die Dörfer und Gutshöfe in der Umgebung, mit der das Kloster von seinen Stiftern ausgestattet worden war. Mit allen Nebengebäuden und dem Park nimmt die Anlage in großem Maßstab die Mitte der Ortschaft ein. Der Kulturreisende und Wanderer erkennt beim Näherkommen, wie verschiedenartig die einzelnen Teile sind. Dennoch, mögen sich im Lauf der Jahrhunderte die Einzelformen verändert und die Nutzer gewechselt haben, immer wurde Brauweiler durch das Kloster bestimmt. Im 19. Jahrhundert nutzte man die Gebäude als Arbeitsanstalt, und in der Gegenwart hat hier die Denkmalbehörde des Landschaftsverbandes Rheinland ihren Sitz. Das vielfältige Erscheinungsbild der ehemaligen Klosteranlage zeugt von einer bewegten, wechselhaften Geschichte. Es ist ein beeindruckendes Kulturdenkmal und ein faszinierender Ort entstanden, der bis heute viele Besucher anzieht.

Die Vorgeschichte

Die Nähe zum Rhein und der fruchtbare Boden haben schon sehr früh Menschen eingeladen, an diesem Ort zu siedeln. Reste verschiedener jungsteinzeitlicher Kulturen fanden sich im Boden. In den Jahrhunderten, in denen das Rheinland zum römischen Weltreich gehörte, versorgte eine Wasserleitung einen umfangreichen Gutshof, der auf dem Gelände des später gegründeten Klosters lag. Auch in der Umgebung fanden sich reiche Besiedlungsspuren aus dieser Zeit. Zwei wichtige Römerstraßen durchquerten das Gebiet. Auf dem Kamm der nahe gelegenen Ville zeichnen sich noch heute die Überreste einer römischen Befestigung ab, die im Volksmund den Namen Heidenburg trägt. Diese Besiedlung und der Gutshof brannten im 5. Jahrhundert ab. Es scheint, dass das Gebiet danach lange Zeit nicht wieder besiedelt wurde.

Ist diese Periode nur archäologisch nachweisbar, setzen für das 8. Jahrhundert Legenden ein. Sie berichten, dass ein Mann namens Brun auf eigenem Grund eine Kapelle erbaut habe, die dem in Soissons (Nordfrankreich) verehrten heiligen Medardus geweiht gewesen sei. Vermutlich hatte Brun das Gebiet von König Pippin (714–768) als Lehen oder Geschenk erhalten. Pippin der Jüngere – Vater Karls des Großen – wurde 751 in der Medarduskirche in Soissons zum König gekrönt, und deshalb hat es eine gewisse Wahrscheinlichkeit, dass sein Gefolgsmann Brun dieses Patrozinium für seine Kapelle wählte. Aber auch diese Besiedlungsphase fand ein Ende: in den Normanneneinfällen am Ausgang des 9. Jahrhunderts.

Das 1657 entstandene Stifterbild zeigt Ezzo und Mathilde zwischen Herrschern und Bischöfen kniend. Sie bringen die Abtei dem in der Mitte thronenden Papst dar. In der unteren Reihe sind zuseiten des heiligen Benedikts ihre zehn Kinder dargestellt: die sechs Äbtissinnen, der Kölner Erzbischof Hermann, die polnische Königin Richeza, Pfalzgraf Otto und Burggraf Liudolf.

Die nächsten legendenhaften Nachrichten besagen, dass um 985 der lothringische Pfalzgraf Hermann I. († 996) Gutshof und Kapelle wiederhergestellt habe. Damit begann die dauerhafte Existenz des Ortes. In einer Urkunde von 1052 wurde der Ort nach dem legendären Brun Brunivilare genannt. Daraus entwickelte sich der Ortsname Brauweiler.

Klostergründung und Bau der ersten Kirche (1024–1028)

Der Sohn des mächtigen Pfalzgrafen Hermann, Ehrenfried oder kurz Ezzo genannt (um 955–1034), war eine wichtige Stütze der Kaiserin Theophanu (960–991), die seit 983 für ihren noch unmündigen Sohn Otto III. die Regentschaft ausübte. Um das Einflussgebiet der lothringischen Pfalzgrafen für das Reich dauerhaft zu sichern, willigte Theophanu in die Hochzeit ihrer jüngsten Tochter Mathilde (979–1025) mit Ezzo ein. Diese königliche Hochzeit fand um 992 in Brauweiler statt und zeigt, wie wichtig der Ort für die Pfalzgrafenfamilie zu dieser Zeit geworden war.

Nachdem 1024 die Dynastie der Salier diejenige der Ottonen auf dem königlichen Thron abgelöst hatte, entschlossen sich Mathilde und Ezzo, einen Teil ihres Besitzes in eine Klosterstiftung einzubringen, damit er fremdem Zugriff entzogen war. Hauptzweck der im gleichen Jahr erfolgten Abteigründung war aber die Absicherung des Seelenheils der Stifterfamilie. Man glaubte zu dieser Zeit, dass wohltätige Stiftungen dafür hilfreich seien und dass auch nach dem Tod die Gebete anderer die Seele aus dem Fegefeuer befreien könnten. Das Stifterpaar reiste nach Rom zu Papst Benedikt VIII. (978–1024), um die Stiftung abzusichern und für ihre neue Kirche Reliquien zu erhalten. Als geistlichen Betreuer wählten sie den bedeutenden Reformer des Benediktinerordens Abt Poppo von Stablo (998–1048). Dieser entsandte 1024 sieben Mönche nach Brauweiler. Man begann den Bau einer Klosterkirche am höchsten Geländepunkt, etwa 26 Meter nördlich der Medarduskapelle. Ein Jahr darauf starb Pfalzgräfin Mathilde und wurde, da die Kirche noch nicht fertiggestellt war, in der Mitte der Klosteranlage beigesetzt. Über ihrem Grab entstand eine Marienkapelle. 1034 starb Pfalzgraf Ezzo, und die Mönche begruben ihn an der Seite seiner Gattin.

1028, vier Jahre nach Baubeginn, wurde die Kirche durch den Kölner Erzbischof Pilgrim den Heiligen Nikolaus und Medardus geweiht, und man berief den ersten Abt, Ello, aus Trier. Die Erweiterung des Patroziniums ging offenbar auf den besonderen Wunsch der Pfalzgräfin Mathilde zurück. Brauweiler war damit die erste und lange wichtigste Verehrungsstätte des heiligen Nikolaus im Rheinland. Von der Größe und dem Aussehen dieser ersten Kirche wissen wir leider nichts.

Bau der zweiten Kirche durch Königin Richeza (1048–1063)

Ezzo und Mathilde hatten drei Söhne und sieben Töchter, und für alle Kinder wurde eine für die Familienpolitik wichtige Karriere geplant. Liudolf, der älteste Sohn, bekleidete vermutlich ein Amt, das man vereinfacht als Burggraf der Stadt Köln bezeichnen könnte. Hermann, der mittlere Sohn, wurde von seinen Eltern für den geistlichen Stand bestimmt und konnte dank der Unterstützung Kaiser Konrads II. 1036 den Thron des Kölner Erzbischofs besteigen. Otto, der Jüngste, übernahm das Pfalzgrafenamt und wurde 1045 von Kaiser Heinrich III. mit dem wichtigen Herzogtum Schwaben belehnt. Sechs der Töchter

unten:
Richeza-Kirche, rekonstruierter Grundriss der Krypta (nach Walter Bader 1937).

Seite 13:
Die mittelalterliche Darstellung vom ehemaligen Grabmal in der Johanneskapelle des Kölner Domes zeigt die polnische Königin Richeza mit Krone und Nimbus. Sie trägt ein kostbares Kleid und einen dunklen, durch eine Goldschließe gehaltenen Umhang. Das Buch in ihrer Hand weist ebenso auf ihre Frömmigkeit wie auf ihre Gelehrsamkeit hin.

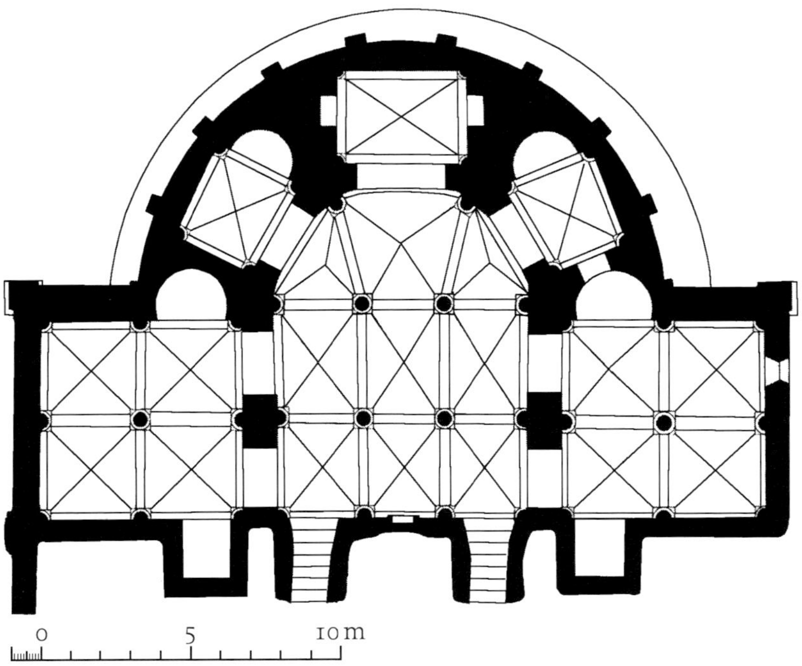

übergaben die Eltern schon früh den bedeutenden Damenstiften in Köln, Neuss, Bonn, Mainz, Essen und Nivelles, die unmittelbar dem Reich unterstanden. Dort wurden sie Äbtissinnen.

Einzig Richeza (um 995–1063) wurde 1025, ganz im Sinne der Reichspolitik ihres Onkels Ottos III., mit Mieszko, Sohn des polnischen Herzogs Bolesław I., verheiratet. Sie war das Pfand, das die mittelalterliche europäische Entspannungspolitik zwischen Ost und West garantieren und die Christianisierung Polens befördern sollte. Noch im selben Jahr wurden Mieszko und Richeza das erste polnische Königspaar. Der erst 18-jährigen Frau standen harte Jahre bevor. Der Widerstand gegen das christliche Königtum in Polen war erheblich, und in den dadurch ausgelösten Wirren starb Mieszko schon 1031, sechs Jahre nach der Hochzeit. Richeza, die acht Jahre die Regentschaft für ihr unmündiges Kind führte, musste sogar für einige Jahre das Land verlassen. Dennoch gelang es ihr, ihren Sohn Kasimir 1039 als König von Polen zu etablieren. Danach kehrte Richeza auf ihre rheinischen Besitzungen zurück.

Hier galten ihre Bemühungen dem Familienkloster Brauweiler, das sie reich beschenkte und für das sie ab 1048 eine neue größere und prächtigere Kirche errichten ließ. Diese war als Grabstätte vorgesehen, in der die Angehörigen ihrer Familie und auch sie selbst ihre letzte Ruhe finden sollten. Als Richeza dann 1063 in Saalfeld starb, wurde ihr dieser Wunsch nicht gewährt. Der Kölner Erzbischof Anno II. ließ sie stattdessen in der von ihm neu erbauten Stiftskirche Sankt Maria ad Gradus, östlich des Domes, beisetzen, um sich so die Einkünfte zu sichern, die Richeza für Brauweiler bestimmt hatte. Nach dem Abbruch dieser Kirche im Jahr 1817 wurden ihre sterblichen Überreste, darunter der mit einer Seidenhaube bekleidete Schädel und Teile ihres Grabmals, in den Dom überführt.

Nahezu alle Töchter Mathildes und Ezzos waren als Äbtissinnen ambitionierte Bauherrinnen. Mit der Brauweiler Kirche reihte sich Richeza in den Kreis ihrer Schwestern ein. Auffällig verwandt ist der Grundriss ihrer Kirche mit derjenigen, die ihre Schwester Ida nur wenige Jahre zuvor für das Kölner Kloster Sankt Maria im Kapitol hatte errichten lassen. Richeza verzichtete aber auf die seitlichen halbrunden Konchen, die den Kölner Bau auszeichnen und diesen wiederum

Seite 14:
Die Regelmäßigkeit der Hallenkrypta aus Richezas Zeit mit den Würfelkapitellen und den sichelförmigen Bögen sowie dem Kreuzgratgewölbe erinnert an die Krypta des Kaiserdomes in Speyer und belegt den hohen Anspruch der Bauherrin.

unten:
Das heute im LVR-LandesMuseum Bonn aufbewahrte Fragment eines Mosaikbodens stammt aus der Richeza-Kirche des 11. Jahrhunderts. Runde Scheiben aus gebranntem Ton sind mit glasierten Steinchen in Weiß und Blau umlegt.

mit der Geburtskirche in Bethlehem verbinden. Das breite Mittelschiff des Langhauses in Brauweiler war flach gedeckt, die Seitenschiffe, die als Umgang um den Chor führten, waren gewölbt.

Heute ist es vor allem die Krypta, die einen Eindruck der Richeza-Kirche vermittelt. Der Raum wird von Kreuzgratgewölben überspannt, deren sichelförmige Bögen auf Sandsteinsäulen mit Würfelkapitellen und attischen Basen ruht. Sie gleicht damit in den Details der Krypta des von den Salierkaisern ab 1025 errichteten Domes in Speyer, die jedoch deutlich größer war. Dennoch sollte mit der auffälligen Übernahme der Bauelemente auch ein königlicher Anspruch ausgedrückt werden. Die Stelle an der Westwand, in der die polnische Königin hätte beigesetzt werden sollen, schmückt heute, an sie erinnernd, eine Nachbildung der Madonna von Tschenstochau (poln.: Częstochowa), dem wichtigsten Marienheiligtum Polens.

Parallel ließ Richeza auch neue Klostergebäude errichten. Beim Tod der Königin 1063 war die bereits 1061 geweihte Kirche vollendet. Nur die Fertigstellung des Fassadenbaus zog sich noch etwa zwanzig Jahre hin. Man kann davon ausgehen, dass, wie bei den Kirchen ihrer Schwestern auch, der verlorene Westbau eindrucksvoll war und wie bei Sankt Maria im Kapitol einen formalen Bezug zur kaiserlichen Pfalzkapelle in Aachen aufwies. Auch die Innenausstattung dürfte aufwendig gewesen sein, worauf ein heute in Bonn aufbewahrter Rest des mehrfarbigen Schmuckfußbodens hindeutet.

Seite 16:
Das Relief mit der Christusfigur gehört zu den ältesten Arbeiten der sogenannten Muldennischenreliefs. Der in der Fläche gestaltete Faltenwurf des Gewands zeigt Charakteristika des 11. Jahrhunderts. An dem im Lapidarium aufbewahrten Original sind die Bleifüllungen in Augen und Bohrungen der Gewandsäume teilweise noch vorhanden.

unten:
Die Reliefplatte mit dem Tierkreiszeichen Stier zeigt sehr plastisch ein erstaunlich realistisches und vitales Tier vor einem stark stilisierten Baum.

Die frühen Skulpturen

Datierung und Herkunft der heute als Kopien am Westturm angebrachten sogenannten Muldennischenreliefs sind unklar und sehr umstritten. Die Reliefs, vor allem Apostel- und Tierkreiszeichenbilder, stammen entweder noch aus dem 11. Jahrhundert und gehören damit zur Kirche der Richeza, oder sie sind im Zusammenhang mit dem heutigen Westturm und damit in der ersten Hälfte des 12. Jahrhunderts entstanden. Jedenfalls ist das Gesamtprogramm über einen längeren Zeitraum hinweg und von unterschiedlichen Bildhauern gearbeitet worden. Bei der Christusdarstellung und den beiden vierflügeligen Cherubim (Engelwesen) wirkt deutlich noch die ottonische Kunst des 11. Jahrhunderts nach, die Tierkreiszeichen erscheinen dagegen sehr plastisch und lebendig. Ursprünglich waren sie alle farbig gefasst.

Ein Teil verschwand beim Bau der barocken Vorhalle, ein anderer Teil wurde 1930 durch Kopien ersetzt. Die Originale befinden sich im Lapidarium der Abtei und in rheinischen Museen. Seitlich des Westportals konnten zugehörige Reliefs – zwei Cherubim und ein Bild des Kirchenpatrons Medardus – bei der Restaurierung 1982/83 freigelegt werden. An ihnen kann man die ursprüngliche Farbigkeit am besten ablesen.

Erhalten sind je sieben der zwölf Apostel und der zwölf Tierkreiszeichen. Eine Datierung ist auch deshalb schwierig, weil sich in der rheinischen Skulptur nichts Vergleichbares findet. Ein solcher umfangreicher Zyklus plastischer Reliefs an einem Außenbau dieser Zeit ist einzigartig und zeichnet Brauweiler aus. Auch wenn die bildhauerische Qualität der einzelnen Reliefs sehr unterschiedlich ist, fallen die starke Plastizität und Festigkeit einiger der Figuren und ihre teilweise komplizierten Bewegungen auf. Diese außergewöhnliche Gruppe rheinischer Skulptur verdient höchste Beachtung.

Seite 18/19:
An Turm und nördlichem Seitenschiff sind heute die Kopien der Muldennischenreliefs zu sehen.

Seite 20:
Der fünfgeschossige Westturm und die beiden begleitenden Treppentürme gliedern sich durch kräftige Lisenen und Bogenfriese. Die beiden oberen Geschosse sind durch drei nebeneinanderstehende Öffnungen in Form von Doppelfenstern mit Mittelsäule durchbrochen. Das Erdgeschoss setzt sich in der Gliederung deutlich ab. An der Westseite schließt sich die barocke Vorhalle an.

Der Bau der dritten Kirche (ab 1136)

Nach etwa fünfzig Jahren begann der Bau einer neuen Kirche aus Gründen, über die wir nicht informiert sind. Die Uneinheitlichkeit der sich zeigenden romanischen Formen war auch das Ergebnis des immer wieder unterbrochenen Bauprozesses.

Ab 1136 wurde der Westbau entweder entscheidend umgestaltet oder sogar völlig neu gebaut. Es entstand eine dreiteilige, eindrucksvolle Turmgruppe mit einem kräftigen querrechteckigen Mittelturm und schlanken quadratischen, den Mittelturm überragenden Treppentürmen. Die Außengliederung aller Teile erfolgte mit einfachen Lisenen (Wandvorlagen), Blendbögen und Bogenfriesen. Da diese Gliederung erst ab dem ersten Obergeschoss einsetzt, verstärkt dies die Vermutung, dass der Kern des Turmes vom Vorgängerbau übernommen worden ist. Damit der Klang der Turmglocken sich besser ausbreiten konnte, wurden die oberen Geschosse des Mittelturms stärker durchbrochen. Die Spätgotik hat die Turmarchitektur durch eine steinerne Galerie und die drei Türme verbindende Brücken ergänzt. Der Turm schließt heute mit einem oktogonalen, spitzen Helm. Einst hatte er, wie die Seitentürme, ein niedrigeres Pyramidendach.

Im zweiten Geschoss des Mittelturms befindet sich die ehemalige Michaelskapelle, die durch drei Bogenöffnungen mit dem Mittelschiff verbunden ist. Auch das ist eine Lösung, wie sie in Sankt Maria im Kapitol in Köln zu finden ist. Heute werden die Bögen durch den barocken Orgelprospekt verdeckt.

Das Kapitell in der ehemaligen Michaelskapelle und deren Wandgliederung mit Nischen zeugen davon, dass dieser Raum einst eine anspruchsvolle Nutzung hatte. Über einem wulstigen Schaftring liegt ein exakt gearbeitetes Würfelkapitell, das an den Kanten und auf den Schildflächen mit fein gearbeiteten, differenzierten Ornamenten belegt ist. Ein mit doppeltem Wulst verzierter Kämpferstein bildet den Übergang zum Bogen.

unten:
Feine, in wechselnde Richtungen strebende Kanneluren und sorgfältig gearbeitete Blattkapitelle betonen die Bedeutung der den Eingang flankierenden Säulen.

Seite 23:
Zwei Säulen flankieren die rechteckige Türöffnung. Den Aufsatz mit der Bogennische darüber hat man im 16. Jahrhundert hinzugefügt. Die Figur des heiligen Nikolaus darin wurde ursprünglich 1491 für den Hochaltar geschaffen.

Das Westportal

Zu der vor der Mitte des 12. Jahrhunderts entstandenen Westfassade gehört auch das aufwendige Portal, das sich heute in der barocken Vorhalle befindet und in das Untergeschoss des Westturms führt. Kein Stufenportal, sondern eine rechteckige Türöffnung, die von zwei Säulen flankiert wird, bildet den Haupteingang zur Kirche. Die Flanken der Türöffnungen sind mit Flechtmustern überzogen; darüber liegt ein breiter Architrav. Wie dieses Portal nach oben abschloss, ist ungewiss, denn die rundbogige Nische mit der Nikolausfigur ist eine spätere Zutat. Die Säulen stehen auf hohen Basen, sind mit feinem Ornament geschmückt und schließen mit blattverzierten Würfelkapitellen. Der Architrav des Portals zeigt in einem rankengefüllten Bogen zwei miteinander verschlungene Schlangen, die sich in den Schwanz beißen – ein mittelalterliches Symbol der Ewigkeit. Rechts und links davon bewachen zwei Drachen den Eingang zur Kirche.

Die Restaurierung 1982/83 hat zuseiten des Portals drei Reliefplatten freigelegt, zwei Cherubim und eine Darstellung des Kirchenpatrons Medardus. Sie gehören zu der Reihe der insgesamt 21 erhaltenen Muldennischenreliefs. Die vierte Platte, in der leeren Nische auf der linken Seite, die wohl den heiligen Nikolaus zeigte, ist leider verloren.

Seite 24/25:
Die Seitenansicht des zwischen Turm und Querhaus etwas gestaucht wirkenden Langhauses zeigt deutlich die unterschiedlichen Konzeptionen von Seitenschiff und Obergaden. Lisenen und Bogenfriese unten und eine Blendarkatur mit vier Fenstern darüber gliedern die Seitenschiffe. Schlanke Dreiviertelsäulen mit Würfelkapitellen tragen ihre Bögen. Das ehemalige Nordportal ist heute vermauert. Das Fächerfenster wurde erst im 19. Jahrhundert eingefügt. Der Mauerstreifen über den Arkaden war durch die Erhöhung der Seitenschiffgewölbe notwendig geworden. Die Fenster im Obergaden vergrößerte man im 16. Jahrhundert, dabei wurden die flachen Lisenen angeschnitten. Auch das einfache Maßwerk stammt aus spätgotischer Zeit.

Das Langhaus

Die großartige Weise, mit der die dritte Kirche im Westen begonnen wurde, setzte sich leider zunächst nicht fort. Wechselnde Bauhandwerker, Phasen des Stillstands, unterschiedliche Vorstellungen und Planungen bestimmten die Entstehungsgeschichte der dritten Kirche. Nach einer dem Westbau folgenden Bauunterbrechung wurden mit einer neuen Gruppe von Handwerkern die Außenmauern des Langhauses errichtet.

Es war eine übliche Praxis, die Mauern einer neuen, größeren Kirche außerhalb der vorhandenen hochzuziehen. Damit konnte im bestehenden Bau noch lange Gottesdienst gefeiert werden. So geschah es auch in Brauweiler. Die neuen Mauern der Seitenschiffe legte man so an, dass sie die Abschlusswände der bestehenden Querschiffe fortsetzten. Der Baumeister teilte sie in sechs Abschnitte und markierte sie an den Außenwänden durch kräftige Lisenen. Über dem Erdgeschoss wurde eine Blendarkade mit vier

Die Langhauswand gliedert ein plastisches Blendtriforium mit vorgestellten schlanken Säulen und Blattkapitellen. Das große Kapitell am Gewölbeansatz wurde beim Einziehen der spätgotischen Gewölbe tiefer gesetzt und ruht deshalb auf einem niedrigen Säulenstumpf.

Seite 27:
Je zwei Arkadenbögen teilen die beiden Joche des Mittelschiffs. Über einem schwachen Gesims stehen je vier Blendarkaden des Triforiums. Der Aufbau schließt mit je zwei Fenstern im Obergaden. Die Architekturglieder sind durch grau-roten Farbwechsel hervorgehoben.

CHRISTUM CRUCIFIXUM

Seite 28:
Die einheitliche Farbgebung trägt wesentlich zur optischen Verklammerung der Bauteile unterschiedlicher Epochen bei.

unten:
Der Blick in das Langhaus zeigt, dass die romanische Architektur, das spätgotische Gewölbe, der barocke Orgelprospekt und sogar die modernen Ausstattungsstücke ein harmonisches Ganzes ergeben.

Rundbogenfenstern errichtet. Das Langhaus erschloss man auf beiden Seiten durch ein Portal. Das der Nordseite ist heute zwar vermauert, aber sichtbar.

Im Inneren wurden die Seitenschiffwände durch eine Reihe von Nischen gegliedert. Ihre überfangenden Bögen blieben ohne jede Gliederung.

Für den Bau des Mittelschiffs war wiederum ein neuer Baumeister verantwortlich. Er veränderte die ursprüngliche Planung. Der Baumeister der Westturmanlage war davon ausgegangen, dass auch die Ostteile, also Querhäuser und Chor, neu gebaut werden sollten. Inzwischen hatte man aber beschlossen, diese Bauteile beizubehalten. Vermutlich stand diese Entscheidung im Zusammenhang mit dem Plan, auch den Kreuzgang völlig neu zu bauen. Also musste man den Ansatz der Mittelschiffarkaden am neuen Westbau mit den vorhandenen Pfeilern der Vierung verbinden. Das führte zu der nicht sehr auffälligen, aber doch wahrnehmbaren Achsenverschiebung und Trapezform des Mittelschiffs. Der neue Baumeister errichtete zwei Gewölbejoche im gebundenen System, das bedeutet, dass ein Mittelschiffjoch jeweils von zwei Seitenschiffjochen begleitet wird. Das aber war beim Bau der Seitenschiffe nicht vorgesehen. Auch die seitlichen Portalöffnungen ließen sich mit der neuen Einteilung nicht in Übereinstimmung bringen. Warum gerade in der Mitte des 12. Jahrhunderts, einer Zeit höchster rheinischer Baukultur, in Brauweiler schwächere Baumeister tätig waren, muss offenbleiben. Die ganze Konstruktion war zudem instabil, schon 1220 mussten die Seitenschiffge-

Originelle Trägerfiguren in komplizierter Haltung stützen den Gewölbeansatz an den Langhauskapitellen. Die Blatt- und Rankenformen, die sie teilweise durchweben, sind stark stilisierte Fantasiegebilde.

wölbe erneuert werden, und 1514 wurde auch im Langhaus ein neues, jetzt spätgotisches Gewölbe eingezogen.

Dennoch muss man die Kunst des Mittelschiffmeisters auch bewundern. Ihm ist trotz der schwierigen Vorgaben seines Vorgängers und der geringen Ausdehnung des Langhauses eine Wandgliederung gelungen, die durch ihre Detailformen und ausgewogenen Proportionen besticht: Über den vier großen Arkadenbögen teilt ein Gesims die Wand. Der nächste Abschnitt wird durch Nischen bestimmt, vor die eine Bogenstellung mit schlanken Säulen und Blattkapitellen gelegt ist – eine frühe Art des Blendtriforiums. Unter dem Gewölbe durchbrechen je zwei große spätgotisch veränderte Rundbogenfenster die Wand. Das Langhaus musste sich nach dem Entschluss, die Ostteile nicht zu verändern, mit zwei Gewölbejochen begnügen und wirkt etwas gestaucht, weist aber eine eindrucksvolle Höhe auf.

Am Außenbau ist der Obergaden des Mittelschiffs wenig strukturiert. Flache Pilaster (Wandpfeiler) gliedern die Wand zwischen den 1514 vergrößerten und mit einfachem Maßwerk versehenen Fenstern. Ein Bogenfries bildet den oberen Abschluss.

Unter der Gruppe von Steinmetzen, die um die Mitte des 12. Jahrhunderts das Mittelschiff errichtet hat, war auch ein hoch origineller Bildhauer, der seine Werke an den Kapitellen unter dem Gewölbe hinterließ. Er hat – vermutlich in Italien – Atlantenfiguren gesehen und setzte sie in Brauweiler als Träger des Gewölbes ein. Er versuchte sich in komplizierten Haltungen und Darstellungsformen, wagte Köpfe im Dreiviertelprofil. Ja, er kreierte sogar eine artistisch wirkende Doppelgruppe von Trägerfiguren, die sich gegenseitig stützen. Das Blattwerk an den Figurenkapitellen wirkt stark abstrahiert und wenig plastisch. Dagegen wurden an den reinen Blattkapitellen realitätsferne Blattformen mit fantasievollen Ornamenten zu eindrucksvoll plastischen Kompositionen zusammengefügt. Wenn auch das Vermögen dieses Bildhauers oft hinter dem zurückblieb, was er zeigen wollte, schuf er doch eine außergewöhnliche Skulpturengruppe, die keine bekannte Parallele im Rheinland hat.

Die plastischen Elemente der romanischen Architektur ergänzen sich und bilden ein harmonisches Ganzes. Das Dach über der Bernhardskapelle wurde zweigeteilt, damit der Lichteinfall in das Ostfenster des Chores nicht gehemmt wird. Die beiden Dachpyramiden mit den Kugelabschlüssen passen sich wunderbar in dieses Bild ein.

Der spätromanische Chorneubau

Etwa vierzig Jahre, nachdem das Langhaus vollendet war, entschloss man sich, auch den Ostbau der Kirche, der noch aus der Zeit Richezas stammte, zu erneuern. Nach dem Abbruch der bestehenden Apsis und der östlichen Querhauswände ummantelte man die Krypta, da deren bestehende Wände den beabsichtigten Neubau nicht hätten aufnehmen können. Dabei gingen die äußeren Raumabschnitte verloren, der zentrale Raum und die Scheitelkapelle blieben jedoch erhalten. Um 1200 wurde die so umgestaltete Krypta neu geweiht. Aus dieser Zeit stammt noch der schöne romanische Schmuckfußboden mit dem diagonal verlegten Schachbrettmuster. In der Mitte hat sich zusätzlich ein rundes Feld mit konzentrisch verlegten Mosaiksteinen erhalten.

Beim Neubau des Chores errichtete man anstelle der aus Raumteilen zusammengesetzten Lösung des 11. Jahrhunderts eine der charakteristischen mehrgeschossigen Apsiden, wie sie für das Rheinland, insbesondere den Kölner Raum, in dieser Zeit typisch sind.

Vielleicht war die Bauunterbrechung von 1205 der Grund, warum die ursprünglich geplante Dreiturmgruppe über den Ostteilen nicht vollendet werden konnte. Im Zusammenhang mit der Vollendung des Kreuzgangs schmückte man noch das vorhandene Südportal der Kirche. Um 1215 wurden dann die Bauarbeiten eingestellt.

Die Ostansicht

Eindrucksvoll demonstriert die Ostansicht das komplizierte Gefüge der Bauteile. Alle Möglichkeiten der spätromanischen Architektur wurden hier ausgeschöpft. Der Sockel, der die Krypta birgt, zeigt sich ein ganzes Stück über dem Bodenniveau. Darüber erhebt sich die durch kräftige Horizontalgesimse stockwerksweise gegliederte Apsis. Weite Blendbögen unten, enge Bögen auf schlanken, fast vollrunden Säulen oben strukturieren die Wände. Plattenfries und Zwerggalerie ziehen sich um Apsis und Türme. Diese typischen Gliederungselemente romanischer Apsiden im Rheinland sind in Brauweiler besonders reich ausgeführt.

Vor der zweigeschossigen Apsis steht die Bernhardskapelle mit dem geteilten Dach und blütenförmigen Fenstern. Nur der südliche Chorflankenturm ist bis zur Höhe der Zwerggalerie noch mittelalterlich. Seine volle Höhe verdankt er, wie der Nordturm in Gänze, der Ergänzung des Architekten Heinrich Wiethase im 19. Jahrhundert. Mittelalterlich ist auch der hinter der Apsis sichtbare Ostgiebel des Chores mit den gliedernden Nischen. Der Vierungsturm dahinter wurde im 19. Jahrhundert in dieser Form aufgesetzt.

Seite 35:
Die Quadrate des Plattenfrieses werden umrandet von doppelten Blattreihen. Dieselben Zierformen schmücken auch den Rand des Ostgiebels. In der Zwerggalerie wechseln sich kräftigere Säulen mit schlanken Doppelsäulen ab. In der Achse und jeweils am Viertelpunkt wird mit einer Kombination aus vier um einen quadratischen Kern stehenden Säulchen ein kräftigerer Akzent gesetzt. Neben Blattkapitellen kommen in der Galerie auch frühgotische Knospenkapitelle vor. Die Apsiswand schließt mit einem plastischen, in Klötzchen aufgelösten Wulst ab.

Über dem ursprünglich offenen Untergeschoss der Bernhardskapelle verkröpfen sich das kräftige Gesims und der Bogenfries nach oben. Der Durchgang zum Kreuzgang passt sich nicht ganz harmonisch in die Architektur ein. Der zwickelartige Bau zwischen Kirche und Kreuzgang enthält das Treppenhaus, über das die Mönche vom Schlafsaal in die Kirche gelangen konnten.

Seite 36/37:
Plastische Bögen überfangen das Blendtriforium an der Südseite des Chorraums. Die darin gemalten Heiligenfiguren sind nur noch sehr schwach zu erkennen. Die zwischen Kapitell und Kämpferplatte beziehungsweise zwischen Kämpferplatte und Gewölbeansatz eingeschobenen Blöcke geben einen Hinweis auf die Schwierigkeiten, die einzelnen Bauabschnitte aufeinander abzustimmen.

unten:
Blick in die Bernhardskapelle. Im Vordergrund die Sakramentsstele von Theo Heiermann. Rechts der spätgotische Reliquienschrank.

Im nördlichen Nebenchor präsentiert die Stifterfigur des Ezzo breitbeinig sitzend ihr Spruchband. Die Falten seines Gewands sind einfacher gestaltet als die der Mathilde.

Der Chorinnenraum

Der Chor der Kirche gliedert sich in ein rechteckiges Vorjoch, eine leicht eingezogene Apsis und zwei schmälere, gerade schließende Nebenchöre. Ein weit gespannter Bogen verbindet die drei Chorteile. In der Fortsetzung des Langhauses sind auch die Wände des Chorjochs durch ein Blendtriforium mit gemuldeten Nischen gegliedert. Der ganze Reichtum spätromanischer Architektur lässt sich hier erkennen: Doppelsäulchen, gestufte Bögen mit eingelegten kräftigen Wulsten und prachtvolle Kapitelle.

Die Apsis ist innen (wie außen) zweigeschossig gegliedert. Unten tragen Doppelsäulen die Bögen, die die großen Fenster umfangen. Der mittlere Bereich ist zweigeteilt und öffnet sich in zwei Bögen zur dahinterliegenden Bernhardskapelle.

Die Wand im oberen Geschoss ist in eine äußere und eine innere, von schlanken Säulen getragene Schicht, also zweischalig angelegt. Dazwischen entsteht ein Laufgang. Die großen Rundbogenfenster zwischen den rhythmisch gesetzten Säulen ermöglichen, dass das Licht ungestört in den Raum fließen kann. Gerade in dieser Apsisgliederung wird die Verwandtschaft mit Kölner Kirchenbauten deutlich.

Ein Doppelbogen öffnet die Apsis zur Bernhardskapelle östlich des Chores. Sie wurde zum Andenken an Bernhard von Clairvaux errichtet, der 1147 in Brauweiler gepredigt hatte. Der rechteckige Kapellenraum wird durch große Vierpassfenster beleuchtet. Vor die Südwand hat man im 15. Jahrhundert eine Reliquiennische gesetzt. Vor der mittleren Stütze, deren Kapitell die vier Paradiesflüsse zeigt, steht der Tabernakel, der von Theo Heiermann 1974 geschaffen wurde.

Die Stifterfiguren

In den Nebenchören sind über den Türen die Stifterdarstellungen von Mathilde und Ezzo angebracht. Ursprünglich lagen sie sich gegenüber,

Schwer liegt der Mantel über den Knien der Mathilde; darunter quillt faltenreich das dünne Untergewand hervor.

und die rahmenden Bogenfelder waren wohl von ähnlicher Gestalt, so wie es bei der Stifterin noch zu sehen ist. Beim Einbau der neuen Sakristei 1669 versetzte man das nördliche Stifterportal; lediglich die Figur des Ezzo wurde übernommen. Die energisch wirkende Stifterin sitzt unter einer dreifachen Bogenstellung und hält ein Spruchband in der rechten Hand. Sie trägt eine hohe Haube mit einem daran befestigten Schleier, der auf ihrer Schulter liegt. Unter ihrem schweren, über die Knie gebreiteten Mantel sieht man ein leichtes, stoffreiches Untergewand. Die Zwickel rechts und links der sie überfangenden Bogenstellung sind mit üppigem Spiralrankenwerk gefüllt. Den Bogenabschluss bildet ein reich ornamentierter Wulst, der mit einem Ornamentband umwunden wurde. Obwohl der ganze Aufbau original ist, kann man an Abarbeitungen dennoch erkennen, dass die Figur der Mathilde nicht für diese Stelle geschaffen wurde.

Die Darstellung des Ezzo hat ihre ursprüngliche Rahmung ganz verloren. Breitbeinig thront er auf einer halbrunden Bank. Sein auf der Schulter mit einer Blattfibel geschlossener Mantel legt sich faltenreich über den Körper und endet in einer breiten Borte. Der rechte Unterarm und die Hand sind neuzeitliche Ergänzungen. Die beiden Stifterfiguren sind wichtige Werke romanischer Skulptur im Rheinland.

Als Pendant im südlichen Nebenchor thront zwischen Blattranken die Stifterfigur der Mathilde. Kraftvoll und energisch ist sie charakterisiert. Der überfangende Bogen ruht auf Tierkapitellen.

Die Rückseite der romanischen Chorschranken baut sich in zwei Zonen auf, deren Rhythmus nicht aufeinander abgestimmt ist. Auch diese Architekturglieder muss man sich farbig vorstellen.

unten links:
Über dem barocken Chorgestühl sind auf die Schieferflächen des romanischen Plattenfrieses kleinteilige Blumenmuster gemalt.

unten rechts:
Die Kapitelle der südlichen Chorschranken wurden fantasievoller gestaltet als auf der Nordseite, auch sind die Rundbögen auffallend ornamentiert.

Die romanische Ausstattung

Die Chorschranken

Die mittelalterlichen Chorschranken trennen den ehemaligen Mönchschor in der Vierung von den Querhäusern ab. Dadurch war der Bereich der Mönche gleichzeitig hervorgehoben und geschützt. Ursprünglich spannten sich die Schranken genau zwischen die Vierungspfeiler. Als in der Barockzeit ein neues Chorgestühl errichtet wurde, versetzte man die mittelalterlichen Chorschranken um eine Pfeilerstärke nach hinten. Während zum Binnenchor hin das hölzerne barocke Chorgestühl dominiert, präsentiert sich auf den Rückseiten noch der romanische Aufbau. Kleine Säulen aus Schieferstein tragen die eng gesetzten Bögen; darauf ruht ein Plattenfries, dessen einzelne Felder ebenfalls durch Säulchen getrennt sind.

Auf der Südseite sind die Arkaden reicher verziert. Die Kapitelle dieser Säulchenreihe zeigen sich in variantenreichen Formen – von Würfelbis zu üppigen Arkanthuskapitellen. Die Bögen werden in scharfkantigen Ornamenten aufgelöst; in den Zwickeln findet stark bewegtes Blattwerk Platz.

Zum Binnenchor hin wurden die rechteckigen Flächen um 1500 mit schönen Pflanzen bemalt. Diese Malerei, deren Farbigkeit ursprünglich kräftiger war, legt sich wie ein Blumenteppich zwischen die farbigen Rahmen. Die Formen der sehr fein gemalten Blumen sind der Natur abgeschaut, auch wenn sich hier und da erfundene Formen dazwischenmischen.

Das qualitätvolle steinerne Altarretabel aus der Zeit um 1200 muss man sich, wie viele Kunstwerke dieser Zeit, in leuchtenden Farben vorstellen. Die Wirkung wird prachtvoll gewesen sein. Es zeigt, wie Altaraufsätze ausgesehen haben, bevor sich gemalte oder geschnitzte Schreine durchgesetzt haben.

Das Marienretabel

Das romanische Steinrelief mit der Mariendarstellung ist eines der wenigen erhaltenen Beispiele eines Altarretabels dieser Zeit. Es stand ursprünglich in der um 1200 geweihten Krypta und wurde erst 1885 im südlichen Nebenchor aufgestellt. Unter einem von Säulen getragenen Muschelbaldachin thront Maria mit v-förmig geöffneten Beinen und dem bekleideten Christuskind auf dem Schoß. Es hat die Rechte segnend erhoben und hält wie seine Mutter ein Zepter. Rechts und links stehen die Kirchenheiligen Medardus und Nikolaus. Letzterer ist als Patron der Seefahrer am Schiff in der Krümme seines Hirten-

Vom einst inmitten des Chorgestühls aufgestellten Stiftergrab ist nur eine Längsseite erhalten. An ihr lässt sich die hohe Qualität der einstigen Grablege noch ablesen.

stabs zu erkennen. Beide tragen bischöfliche Kleidung ohne Mitra und haben als Zeichen ihrer Würde ein Band um die Schultern geschlungen. Neben ihnen befindet sich je ein Prophet des Alten Testaments mit einer Prophezeiung auf dem Schriftband. Alle vier Figuren stehen auf stilisierten Wolken, die sich volutenartig einrollen, und wenden sich der Gottesmutter zu. Der innere Rahmen mit der lateinischen Inschrift (»Ein Kind ist uns geboren ...«) gehört zum romanischen Retabel; die äußere Rankenrahmung stammt wie die etwas verfremdende Bemalung aus dem 19. Jahrhundert. Sie ist inzwischen stark nachgedunkelt und erschwert eine Datierung und einen Vergleich mit der erhaltenen romanischen Skulptur. Zwischen 1160 und 1200 muss diese wichtige Tafel entstanden sein.

Das Stiftergrab

Das einst in der Mitte der Vierung prominent aufgestellte Tumbengrab der Klosterstifter Ezzo und Mathilde wurde bei der Umgestaltung des Chores 1667 abgebaut. Die Gebeine der Toten bestattete man im südlichen Nebenchor hinter eine der Längsseiten der alten Stiftergrablege. Diese Front lässt die einstige

Seite 46:
Den einst kostbarsten Reliquienschatz des Klosters, einen Finger des heiligen Nikolaus, hat der Bildhauer Theo Heiermann 1973 in den neuen Volksaltar eingearbeitet.

unten:
Das Gewand des frontal sitzenden heiligen Nikolaus wird in scharfkantige Falten aufgefächert. Leider ist der Kopf stark erneuert.

Pracht noch erahnen. Die vollplastischen Schiefersäulchen stehen auf reich verzierten Basen und enden in differenzierten Blatt- und Knospenkapitellen. Gewände und Zwickel der abschließenden Arkadenbögen sind dekorativ ornamentiert. Die Ecksäulen tragen noch die originale Deckplatte, deren Rand mit einem Blütenfries verziert ist. 1990 schuf man den halbrunden Bogen aus Trachyt mit der erklärenden Inschrift.

Die Nikolausskulptur

Nur aufgrund schriftlicher Quellen kann die romanische Sitzfigur am nördlichen Vierungspfeiler als heiliger Nikolaus identifiziert werden. Es fehlen alle für ihn typischen Attribute. Der Bischof sitzt auf einem Thron und hat die (ergänzte) rechte Hand segnend erhoben. Die Haltung seiner linken Hand lässt darauf schließen, dass er darin einen Stab getragen hat – der heute wieder als Ergänzung zu sehen ist. Er trägt keine Mitra, wird aber durch das über den Schultern getragene Band (Pallium) als Bischof gekennzeichnet. Die hölzerne Figur muss man sich farbig vorstellen. Bei der Entfernung einer barocken Übermalung gingen leider auch die ursprüngliche Farbigkeit und einige originale Teile, vor allem am Kopf, verloren. Sie ist eine der ältesten westlichen Darstellungen des heiligen Nikolaus.

Seite 49:
Im Kirchenschatz befindet sich die kostbare sogenannte Bernhardskasel, ein liturgisches Gewand, in der nach der Legende der heilige Bernhard von Clairvaux in Brauweiler die Messe zelebriert habe. Ihr kostbarer byzantinischer Seidendamast stammt aus der ersten Hälfte des 12. Jahrhunderts. In längsovalen, miteinander verknüpften Medaillons stehen rechts und links von Lebensbäumen stark stilisierte und geometrisierte Adler in Profilansicht.

Deckelbecher (Scyphus) des heiligen Nikolaus

Die um 1180 in Köln entstandene Deckelschale aus Nussbaumholz gehört zum ältesten Klosterbesitz. Sie ist innen mit vergoldetem Silberblech ausgekleidet. Oberhalb des goldenen Standrings umschließen ihn silberne, teilvergoldete Arkaden, zwischen denen heute stark beschädigte Brustbilder der Apostel erscheinen. Am kuppelartigen Deckel treten die Zwischenräume der ornamentgetragenen Säulen als große Buckel hervor. Auf der Innenseite des Deckels ist die Hand Gottes geschnitzt mit einer Umschrift, die seinen Segen erbittet. Als Abschluss tragen vier zu Türmchen geschnitzte Pfeiler einen durchbrochenen goldenen Knauf. Der Gesamtaufbau des Bechers sollte an das Himmlische Jerusalem erinnern. Es wird vermutet, dass aus dem als Geschenk an den Kirchenpatron gedachten Stück den Gläubigen in besonderen Situationen Wein oder Wasser gereicht wurde.

DOMINE DILEXI DECOREM DOMUS TUAE
PRAEDICAMUS

Seite 50:
Schon zwischen 1220 und 1225 hat man das Innere der Kirche ausgemalt. Alle Architekturglieder, Pfeiler und Bögen, erhielten eine gemalte Quaderung mit roten und grauen Steinen sowie weißen Fugen. Diese Farbfassung wurde im 20. Jahrhundert erneuert.

unten:
In der mit einer flachen Kuppel überwölbten Vierung treffen die spätgotischen Kreuzrippengewölbe des Langhauses (rechts) mit der romanischen Wölbung im Chorjoch (links) zusammen.

Veränderungen am Kirchenbau

Schon kurz nach der Vollendung der Ostteile waren ab 1220 die ersten Reparaturmaßnahmen notwendig. Die offenbar instabilen Gewölbe der Seitenschiffe wurden jetzt deutlich steiler erneuert. Die dadurch ebenfalls notwendige Erhöhung der Außenwände lässt sich an der Nordseite am Mauerstreifen über den Blendarkaden erkennen. Bei dieser Baumaßnahme ersetzte man auch die ursprünglich rundbogigen Fenster durch spätromanische Fächerfenster, die wiederum bei der Barockisierung rundbogig verändert wurden. Nach 1866 stellte man die ursprüngliche romanische Form wieder her, lediglich in der Nordwand rekonstruierte Heinrich Wiethase eines der Fächerfenster. Nach dieser Reparaturmaßnahme entstand die heute noch sichtbare Farbgestaltung.

Seite 53:
Auf dem östlichen Schlussstein ist die Madonna im Strahlenkranz auf einer Mondsichel dargestellt. Die Schlusssteine werden von einer für das frühe 16. Jahrhundert typischen Rankenmalerei umgeben. In ihr umspielt stark bewegtes Blattwerk unterschiedliche Blüten. Erkennbar sind Disteln, Lilien und Akelei. Sie sind Symbole der Jungfräulichkeit Mariens. Bei der letzten Restaurierung der Kirche wurden diese Malereien wieder freigelegt und sorgfältig ergänzt.

An die Fronten der Langhauspfeiler wurden im 14. Jahrhundert überlebensgroße Apostel- und Heiligenfiguren gemalt. Die Standfiguren sind von gemalter Architektur umgeben. Auch wenn ihre Farbigkeit heute stark verblasst ist, kann man die Qualität und Lebendigkeit der Darstellungen noch gut erkennen. 1513 wurden die Obergadenfenster vergrößert und dabei die begleitenden Lisenen angeschnitten. Ein Jahr später ersetzte man das ursprünglich vorhandene Kreuzgratgewölbe durch ein spätgotisches Kreuzrippengewölbe. Da dessen Scheitelhöhe durch die Fenster und den Anschluss an die Vierung festgelegt war, mussten der Gewölbeansatz und die originalen Kapitelle deutlich tiefer gesetzt werden. So entstanden die gestauchten Säulen, die die einzelnen Abschnitte im Triforium trennen. Ein hölzerner und ein eiserner Zuganker dienen, da keine Strebepfeiler vorhanden sind, der Stabilisierung der Konstruktion.

Darstellung eines jugendlichen Abts mit Stab und Mitra am östlichen Pfeiler der Nordseite. Sein Gewand fällt in reichen Faltenkaskaden am Körper entlang. Aufgrund seiner Bekleidung als Benediktiner wird in ihm eine Darstellung des heiligen Benedikts vermutet.

unten:
Bei einem Aufenthalt in Brauweiler bestätigte Kaiser Karl V. der Abtei am 23. November 1547 alle alten Rechte und Privilegien und verlieh ihr zugleich das Recht, ein Wappen zu führen – einen Reichsadler mit goldenem Abtsstab auf silbernem Feld. Das neue Wappen ist als Miniatur in der Mitte der Pergamenturkunde zu sehen.

Die Ausstattung im 16. Jahrhundert

CAROLVS QVINTVS

Reliquienbüste der heiligen Anna

Die hölzerne Reliquienbüste der heiligen Anna ist um 1510 entstanden und wurde bald danach als Klosterbesitz erwähnt. Im Gegensatz zu den meisten Darstellungen ist die Heilige hier noch relativ jung dargestellt, trägt aber Kopftuch und Schleier der verheirateten Frau. Unter ihrem Halstuch schaut eine doppelreihige Kette mit einem runden Anhänger heraus. Das edle Antlitz und das Gewand sind sehr sorgfältig gearbeitet. Die Figur stammt sicher aus einer der Kölner Bildhauerwerkstätten der Zeit. Das Bildnis ruht auf einem polygonalen Sockel, dessen drei Vorderseiten wie ein Schrein geöffnet sind. Unter Kielbögen stehen sieben Männer in zeitgenössischer, aufwendiger Kleidung. Vielleicht ist eine Stiftergruppe zu sehen, wobei ein inschriftlicher Hinweis verloren ging. Der metallene Strahlenkranz wurde später hinzugefügt.

unten:
Im bogenförmigen Abschluss des Michaelsaltars steigen die Menschen aus ihren Gräbern und erheben ihre Hände flehend zu dem an der Spitze thronenden Christus. Für einige ist es vergebens, denn ein riesiger scheußlicher Höllenrachen verschlingt die von Teufeln Verschleppten. Die Glücklichen werden vom Erzengel in die ewige Seligkeit geleitet. Das Körperideal der weitgehend nackten Figuren ist das der Renaissance.

Der Michaelsaltar

In der alten Michaelskapelle des Westturms befand sich ein erster nach 1136 geweihter Michaelsaltar. Er wurde 1497 in das Langhaus verlegt. Da der Altar mit Sicherheit nicht dem damaligen Zeitgeschmack entsprach, errichtete man 1561 ein neues prächtiges Altarretabel. Es steht heute im nördlichen Querhaus. In der Mitte der steinernen Bildwand bekämpft der Erzengel Michael mit Rüstung, Schild und Schwert die Teufel, die aus dem Höllenfeuer emporzusteigen versuchen. Über dem Rundbogen halten zwei kleine Engel Wappen, auf denen die Wunden Christi dargestellt sind. Auch seitlich wird das Mittelfeld von vielen Wappenschilden gerahmt. Auf ihnen sind die Leidenswerkzeuge Christi zu sehen. Symbolisch helfen sie auf diese Weise mit, den Unglauben zu bekämpfen. In den Bogennischen rechts und links sitzen die zwölf Apostel; neben den Attributen sind sie zusätzlich durch ihre Namen gekennzeichnet. In der Predella unter dem Hauptbild erscheinen in fünf Halbkreisnischen die Brustbilder von Heiligen, die für das Kloster wichtig waren: Pantaleon, Medardus, Maria mit Kind, Maternus und Agnes. Abgeschlossen wird der Altaraufbau mit einem halbkreisförmigen Relief mit dem Jüngsten Gericht.

Mit flehend erhobenen Händen bitten die nackt aus den Gräbern gekommenen Auferstandenen Christus auf der Weltkugel um Gnade. Er wird sie nach ihren Verdiensten in den als Tempel dargestellten Himmel oder in die brennende Hölle schicken. Rechts und links des Reliefs bitten Maria und Johannes den Weltenrichter um Gnade für die Menschen. Die Flanken des ansonsten erstaunlich ornamentarmen Altarretabels sind mit flachen Voluten besetzt. Leider kennt man den Namen des Bildhauers nicht, der dieses Werk geschaffen hat. Stilistische Eigentümlichkeiten weisen zum Niederrhein.

Seite 57:
Die flache, dreiteilig gegliederte steinerne Bildwand des Michaelsaltars von 1561 steht heute als Pendant zum Antoniusaltar im nördlichen Querhaus.

RENOVATUM 1739

Seite 58:
In der Mittelnische steht Antonius Abbas, Gründer des Antoniterordens. Er trägt eine schwarze Kutte und einen t-förmigen Kreuzstab. Das ihn begleitende Schwein bezeugt das Privileg dieses Ordens, als Gegenleistung für die Krankenpflege die klostereigenen Schweine auf Gemeindeland fressen zu lassen.

unten:
Vor einem Rankengrund steht Maria Aegyptiaca, die nach einem Kurtisanenleben als Büßerin in die Wüste ging und dort nach Jahren, nur von ihren Haaren bekleidet, aufgefunden wurde. Die Darstellung weicht von der Tradition ab: Ihr Körper ist mit Blattwerk bedeckt.

Der Antoniusaltar

Im Südquerhaus befindet sich der 1552 entstandene, wie eine Kirchenfassade aufgebaute Antoniusaltar. Die Front wird von flachen Pilastern gegliedert, während das Zentrum risalitartig vorspringt. Kompositkapitelle tragen das abschließende Gebälk. Darüber benennt, von dynamischen Blattvoluten begleitet, eine Inschriftentafel den Stifter. Der Altar wird darüber, nach einer weiteren Einziehung, durch ein Kreuz bekrönt. Der untere Teil, die Predella, gliedert sich in vier Bogennischen, flankiert von seitlichen Voluten

Die große Bogenöffnung in der Mitte zeigt Antonius, den Gründer des Antoniterordens, der sich vor allem der Krankenpflege widmete. Als Gegenleistung durften die Mönche dieses Ordens ihre Schweine auf Gemeindegrund fressen lassen. Deshalb wird Antonius traditionell mit einem Schwein dargestellt und hat in der Hand ein Glöckchen, das die Ankunft der Mönche ankündigte. Ihn umgeben die weiblichen Heiligen Katharina, Barbara, Maria Magdalena und Maria Aegyptiaca, reich gekleidet und durch ihre Attribute und Inschriften gekennzeichnet.

Es scheint hier prophetisch auf die spätere Nutzung des Klosters zu deuten, dass hier zwei Frauen dargestellt sind, die nach einem sündigen Leben Einsicht und Reue zeigen. In der Predella unten sieht man die Halbfiguren der beiden Kirchenheiligen Medardus und Nikolaus zusammen mit denen von Benedikt und Martin.

Seite 60:
In der Barockzeit wurden häufig steinerne Abschrankungen, die den Einblick in den Chorbereich verwehrten, durch einsehbare ersetzt. In Brauweiler verbinden besonders schöne, 1627 eingebaute schmiedeeiserne Gitter die Querschiffarme mit den Seitenschiffen. Zwischen die sich reich verschlingenden Rundstäbe sind vergoldete Darstellungen von Pflanzen, Tieren, Engeln und Heiligen gesetzt.

Die Barockzeit

Die barocke Umgestaltung der Kirche begann im 17. Jahrhundert am Ende des Dreißigjährigen Krieges. Der zeitbedingte Wunsch nach einem freien Blick zum Hochaltar führte zum Abbau des am Ende des Langhauses stehenden Kreuzaltars und vor allem zur Verlegung des Stiftergrabs in den südlichen Nebenchor. Es wurde dort unter Verwendung originaler Architekturteile wiederaufgebaut. 1668 errichtete man einen neuen Hochaltar, der jedoch schon 1724 eine erneute Umgestaltung erfuhr. Heute zeugen nur noch die Bischofsfiguren im südlichen Seitenschiff und das Kruzifix im Westen des nördlichen Seitenschiffs, ein Hauptwerk des Bildhauers Gabriel de Grupello, von seiner Existenz.

Um mehr Licht zu erhalten, vergrößerte man die seitlichen Apsisfenster und brach zwei große Rundbogenfenster in die nördliche Hochwand. Das Obergeschoss des südlichen Chorturms und die romanische Sakristei wurden niedergelegt, das Sakristeiportal mit der Sitzfigur des Pfalzgrafen Ezzo weiter nach Osten versetzt. Eine neue, größere Sakristei mit aufwendigem Innenausbau weihte man 1669. In der Barockzeit wurden auch die zahlreich gewordenen Grabmäler abgebaut und ihre Deckplatten an den Außenwänden aufgestellt. Anfang des 18. Jahrhunderts erhielt die Kirche ein neues Chorgestühl und eine große barocke Orgel mit qualitätvollem, figurenreichem Prospekt. Als letzte Baumaßnahme vor Auflösung des Klosters wurde die romanische Kirchenvorhalle abgebrochen und 1780 durch eine große, heute noch bestehende ersetzt.

Seite 61:
In den Nischen der südlichen Seitenschiffwand befinden sich die Statuen von vier überlebensgroßen Bischöfen. Sie stammen vom barocken Hochaltar. Dieser wurde 1724 umgestaltet. Zu dieser Zeit erhielten sie wohl ihre Fassung in Weiß und Gold. Nach 1866 wurden alle barocken Altäre aus der Kirche entfernt. Ein Teil der barocken Ausstattung wie die vier Bischöfe und einige Gemälde verblieben aber in der Kirche.

Das Grupello-Kruzifix

Im Rahmen einer barocken Erneuerung des Innenraums ist das Kruzifix vermutlich um 1722–1724 entstanden. Die Kreuzbalken bestehen aus Blaustein, während der Korpus aus Sandstein gefertigt wurde. Die Übermalung stammt aus späterer Zeit, doch haben Untersuchungen gezeigt, dass die Figur auch ursprünglich mit einer weißen Lasur überzogen war, die vermutlich Marmor imitieren sollte. Stilistische Zuschreibung und schriftliche Hinweise lassen unzweifelhaft darauf schließen, dass der berühmte Bildhauer Gabriel di Grupello (1644–1730) dieses großartige Bildwerk geschaffen hat. Mit nach oben gereckten Armen und mit einer leichten Drehung hängt der Leib des toten Herrn am Kreuz. Die nach rechts gedrückte Hüfte wird von einem stark bewegten Lendentuch dramatisch umweht. Die Muskeln und Gelenke sind sorgfältig gearbeitet, werden aber nicht überbetont. An Füßen, Armen und Hals zeigen sich, hervorgehoben durch die Körperspannung, die Adern deutlich. Diese, die angespannten Gesichtszüge und der aufgerissene Mund zeugen von dem Schmerz, den Christus im Kreuzestod erfahren hat. Mit dem Grupello-Kruzifix hat sich ein bedeutendes Kunstwerk der Barockzeit in Brauweiler erhalten.

Die neue Orgel

Als bedeutender Zeuge der einst den gesamten Innenraum umfassenden barocken Umgestaltung

ET LOCVM HABITATIONIS GLORIÆ TVÆ · PSAL: 25 V 8.

ET LOCVM HABITATIONIS GLORIÆ TVÆ. PSAL: 25. V. 8.

hat sich die mit ihrer Empore fast die gesamte Westwand ausfüllende große Orgel von circa 1715 erhalten. Das Gehäuse des Instruments blieb holzsichtig, die Konsolen, Kapitelle und Ornamente wurden vergoldet. Kräftige Säulen teilen die einzelnen Pfeifengruppen und verstärken die Monumentalität des Werks. Es wird bekrönt von einer Uhr mit Christusmonogramm und Strahlenkranz. An der Emporenbrüstung stehen rechts und links des segnenden Christus die zwölf Apostel. Durch eine Weißfassung wird ihre Kostbarkeit betont. Die Hängekonsole unter der Empore trägt die Jahreszahl 1769. Sie weist auf eine erste Restaurierung hin. 1908 wurde ein neues Orgelwerk eingebaut.

Neben der Orgel sieht man die beiden rundbogigen Öffnungen, die den Kirchenraum mit der im Turm liegenden ehemaligen Michaelskapelle verbinden.

Das barocke Chorgestühl

Dem barocken Geschmack entsprachen offenbar weder das vielleicht damals noch vorhandene mittelalterliche Chorgestühl noch das des 16. Jahrhunderts, von dem sich Reste erhalten haben. Um 1700 hat Klosterbruder Leonard Meurers ein neues geschnitzt. Stilisierte Tierkörper, die mit einer Klaue auf einer Kugel stehen, trennen die einzelnen Sitze des insgesamt 34 Plätze umfassenden Gestühls. Sie enden in sehr naturalistisch geschnitzten Köpfen von Tieren und Fabelwesen. Die Mischung aus Realismus und Fantastik macht

Eine Besonderheit stellt die Reihe barocker Beichtstühle im nördlichen Seitenschiff dar. Sie wurden um 1725 aus Eiche geschnitzt und holzsichtig belassen. Stilistisch eher noch in das 17. Jahrhundert gehörig, stehen an ihren Fronten große Engel, deren Attribute auf Sühne und Reue hinweisen sollen. Die Beichtstuhlgruppe ist sorgfältig komponiert und sehr qualitätvoll gearbeitet.

den besonderen Reiz dieser ungewöhnlichen Sitzreihen aus. Fast hat man Angst, die Hand in einen der aufgesperrten Rachen zu legen.

Die barocken Grabmäler

Die Grabplatte des Abtes Nikolaus Schögen (1660–1665) aus Aachener Blaustein zeigt den Toten mit allen Ehrenzeichen seines Amtes. Zwei Engel halten die Mitra über seinen Kopf. Er ist umgeben mit Symbolen der Vergänglichkeit wie Stundenglas, Schädel, Knochen. Auffallend ist die flächige Darstellung: Körper, Haupt und Engel wirken wie in eine Ebene gedrückt. Trotz dieser Flächigkeit ist es faszinierend zu sehen, wie viel vom Charakter dieses Abtes hier ausgedrückt wird.

Dem Gedächtnis des Klosterabts Matthias I. Franken (1709–1722) gilt ein aufwendiges Grabmal. In reichen liturgischen Gewändern und Mitra steht der Verstorbene aus weißem Marmor gemeißelt vor einer mit Voluten geschmückten schwarzen Platte, die sich hinter ihm in einer Nische öffnet. Trauernde kleine Engel sowie Blütenranken, ebenfalls aus weißem Stein, heben seine Bedeutung zusätzlich hervor. Mit solch prächtigen Grabmälern betonten die Äbte die Würde ihres Amtes und den Rang der Abtei.

S. MARTINVS
DOM. D. MATTHIAS
FRANCKEN HVIVS MONAS
PRO CUIUS ANIMAE REFRIGERIO
IN HONOREM S. MARTINI TURONENSIS
EPI HAEC STATUA ORDINATA FUIT

Seite 70:
Die Ostansicht zeigt, wie meisterhaft es dem Architekten Heinrich Wiethase gelungen ist, seine ergänzenden Bauteile der mittelalterlichen Architektur anzupassen.

unten:
Das Fenster im nördlichen Querhaus von 1902 stellt Szenen aus dem Marienleben dar: Geburt, Tempelgang und die Unterweisung Marias durch Anna. Nur die in eine Passform eingeschriebenen Szenen sind farbig, während der Teppichgrund in Graumalerei ausgeführt ist.

Das 19. und 20. Jahrhundert

Nach der Aufhebung des Klosters 1802 wurde die Abteikirche zur Pfarrkirche des Dorfes Brauweiler und zugleich Kirche der Provinzial-Arbeitsanstalt, die in den Abteigebäuden eingerichtet worden war.

In den Jahrzehnten danach sind nur Reparaturmaßnahmen durchgeführt worden; so wurden Risse im Gewölbe durch Eichenkeile gesichert und alles weiß getüncht. Doch schon 1843 ordnete der Generalkonservator der Kunstdenkmäler in Preußen, Ferdinand von Quast (1807–1877), an, dass die übertünchte Ausmalung wieder freigelegt werden sollte. Mit dieser Maßnahme wurde der Bonner Universitätszeichenlehrer Christian Hohe (1798–1868) beauftragt. Er fertigte von der mittelalterlichen Wandmalerei Zeichnungen an, die heute eine wichtige Quelle zur Kirchenausstattung darstellen.

Der Kölner Dombaumeister Ernst Friedrich Zwirner (1802–1861) wurde zur statischen Sicherung und Renovierung der Kirche herangezogen. Seine Vorschläge blieben unausgeführt; nach seinem Tod übernahm 1866 der Kölner Architekt Heinrich Wiethase (1833–1893) die weiteren Planungen. Neben umfangreichen Sicherungsarbeiten an Fundamenten, Mauern und Gewölben veränderte Wiethase den Außenbau erheblich, indem er den im Mittelalter geplanten Vierungsturm errichtete und die beiden Chorflankentürme vollendete. Dabei nahm er vorhandene Detailformen auf und orientierte sich bei den Chortürmen an denen der ehemaligen Klosterkirche in Knechtsteden sowie beim Vierungsturm an der ehemali-

Seite 73:
Die Verglasung des Fächerfensters im Nordseitenschiff zeigt in der Mitte eine Pietà unter einem reich gestalteten Architekturbaldachin. In den runden Scheiben darüber sind die sieben Schmerzen Mariä geschildert (Darbringung, Flucht nach Ägypten, der zwölfjährige Jesus im Tempel, Kreuztragung, Kreuzigung, Kreuzabnahme, Grablegung). Die farbigen Szenen stehen vor einem üppigen Rankengrund, der grau in grau gemalt wurde.

gen Abteikirche Maria Laach. Für die Detailgestaltung der Ostansicht wurden die romanischen Apsiden von Sankt Aposteln und Groß Sankt Martin in Köln vorbildhaft. So gelang Wiethase eine überzeugende Vollendung. Außerdem ließ er viele Fenster- und Türöffnungen in ihrer vermuteten ursprünglichen Gestalt fertigen. Im nördlichen Seitenschiff wurde ein spätromanisches Fächerfenster rekonstruiert. Solche Fenster hatte es tatsächlich gegeben, sie wurden aber in der Barockzeit zurückgebaut. Die übrigen Fenster der Nordseite ließ er in der originalen Rundbogenform wiederherstellen.

Die Krypta wurde entschuttet, und 1901/02 realisierte man einen neuen Fensterzyklus in den Querhäusern durch private Stiftungen. Die rundbogigen Fenster zeigen jeweils drei Szenen aus einer Heiligenvita (Maria, Gertrud, Jakobus der Ältere, Ludwig). Auch das rekonstruierte Fächerfenster im Nordseitenschiff mit der Darstellung der sieben Schmerzen Mariä gehört zu diesem Zyklus.

Auch in den letzten Jahrzehnten erhielt die Kirche wichtige Ausstattungsstücke. So wurden in den 1960er-Jahren zahlreiche Fenster des Glasmalers Franz Pauli (1927–1970) eingefügt, viele davon mit einem zeitpolitischen Bezug. Man kann zum Beispiel auf dem westlichen Fenster im nördlichen Seitenschiff eine Szene mit Konrad Adenauer erkennen. Den Volksaltar mit einer Nikolausreliquie und die Sakramentsstele hinter dem romanischen Hauptaltar schuf 1974/75 der Kölner Bildhauer Theo Heiermann (1925–1996). Die edlen Materialien und der dominierende Goldton heben die Bedeutung dieser Ausstattungelemente hervor.

Der Blick in den Chor zeigt den romanischen Altartisch aus der Zeit um 1200, allerdings mit einer Farbfassung, die aus dem 19. Jahrhundert stammt. Das Chorfenster von 1965 schuf Franz Pauli, die Sakramentsstele hinter dem Altar Theo Heiermann.

Guilelmus Wintz
et Sophia Wintz
nata Pingen
coniuges. DDD
1902.
ORA + PRO + NOBIS + MATER + DOLOROSISSIMA +

Seite 74:
Blick aus dem östlichen auf den südlichen Kreuzgangflügel. Die Kapitelle in diesem Bereich stammen aus dem 19. Jahrhundert.

unten:
An einem der Kapitelle, die als Ersatz im 19. Jahrhundert im Südflügel eingebaut wurden, findet sich eine Darstellung des Reichsadlers.

Die mittelalterlichen Klostergebäude und spätere Veränderungen

Dass auch die erste Kirche in Brauweiler einen Kreuzgang hatte, ist nicht ausgeschlossen, er ist aber nicht nachgewiesen. In der Mitte der Klosterbauten wurde die Stifterin Mathilde beigesetzt und 1025 darüber eine Marienkapelle errichtet. An diesen ersten Begräbnisort erinnert heute die barocke Mariensäule.

Im Ostflügel des Kreuzgangs, der Richezas Kirchenbau des 11. Jahrhunderts ergänzte, konnte Abt Wolfhelm 1064 eine Medarduskapelle weihen, die Abtskapelle in der Nordwestecke war 1076 fertiggestellt. Vom Aussehen dieses Kreuzgangs wissen wir nichts. Er hatte vermutlich der Krypta ähnliche Detailformen und war flach gedeckt.

Im Zusammenhang mit der dritten Kirche – parallel zum Bau des Langhauses oder unmittelbar nach Vollendung des Mittelschiffs um 1160 – wurde der gesamte Klausurbereich neu gebaut. Er bestand ehemals aus vier Gängen von je 33 Metern Seitenlänge, die in sieben Joche geteilt waren. Nur der Ost- und der Südflügel sind erhalten: Die Bögen der zum Hof offenen Arkatur werden von Zwillingssäulen getragen. Die Basen dieser Säulchen, ihre Kapitelle und die darüber liegenden Kämpfersteine zeugen von dem hohen Niveau der ausführenden Steinmetze. Im Ostflügel sind die Pfeiler in auffälligem Wechsel aus hellem und dunklem Stein (Trachyt und Andesit) gemauert. In das Feld zwischen Bogen und Dreierarkade sind je zwei Vierpässe geschnitten.

Der Bau des Ostflügels war 1174 mit der Weihe einer dem heiligen Benedikt gewidmeten Kapelle vollendet. Es folgten der Flügel im Süden, anschließend der Westflügel und zuletzt der an die

Kirche angelehnte Nordflügel, über dem zusätzlich ein großer Raum für die Sakristei entstand.

Die Arbeiten am Südflügel waren bereits abgeschlossen, als es 1205 bei kriegerischen Auseinandersetzungen infolge des Thronstreits zwischen dem Staufer Philipp von Schwaben und dem Welfen Otto IV. zu einer Teilzerstörung des Klosters kam. Ein originales Kapitell geriet dabei unter die Erde. Wiedergefunden zeigt es die ursprüngliche kräftige Farbfassung des Kreuzgangs. Ob die beiden Flügel im Westen und Norden bei der Kriegszerstörung auch beschädigt wurden oder noch gar nicht fertiggestellt waren, weiß man nicht. Der Eingangsbogen, der den Kreuzgang vermutlich im Westen erschloss, wurde vermutlich vor 1205, das Südportal der Kirche – nach der Kapitellplastik zu urteilen – eher im Zusammenhang mit dem Chor nach 1205 errichtet.

Seite 76/77:
Der Marienhof genannte ehemalige Kreuzgang wird an der Ostseite vom mittelalterlichen Flügel begrenzt. An der Südseite der Kirche sind die Reste des im 19. Jahrhundert abgebrochenen Kreuzgangflügels und der großen Sakristei, die im Obergeschoss lag, zu erkennen. Vor das originale Südportal wurde 1862 eine Vorhalle gesetzt. Die in derselben Zeit entstandenen Türme über Vierung und der Ostseite fügen sich mit der mittelalterlichen Kirche harmonisch zusammen.

Seite 79:
Im Kapitelsaal haben sich die mittelalterlichen Kapitelle, die ursprüngliche Ausmalung und ein Fußbodenfragment erhalten.

Während der nördliche und der westliche Flügel 1810 niedergelegt worden sind, bewahren die beiden anderen Flügel trotz Erneuerungen im Detail ihre romanische Gestaltung. Von den eindrucksvollen Kapitellen des Kreuzgangs sind nur diejenigen an den Arkadenpfeilern an Ort und Stelle geblieben. Die anderen wurden entfernt und verteilen sich auf verschiedene Museumssammlungen. Sogar der Eingangsbogen wurde ausgebaut und befindet sich heute im Hessischen Landesmuseum Darmstadt. Die romanischen Doppelkapitelle ersetzte man durch Kopien, die auch neue Motive, zum Beispiel den Reichsadler, tragen.

Im Obergeschoss über dem Westflügel lagen im mittelalterlichen Kloster die Räume des Abtes mit der Abtskapelle in der Mitte. Dieser Kreuzgangflügel wurde völlig verändert und im 19. Jahrhundert aufgestockt, als die Umwandlung des Klosters in eine Arbeitsanstalt erfolgte. In einem »archäologischen Fenster«, das meist durch Holzklappen verschlossen ist, kann man einen Teil der mittelalterlichen Architektur erkennen.

Den abgebrochenen Nordflügel des Kreuzgangs wollte Heinrich Wiethase eigentlich vollständig rekonstruieren, es blieb aber bei einem Kreuzgangjoch als Vorhalle vor dem mittelalterlichen Südportal der Kirche.

Im Ostflügel sind der ehemalige Kapitelsaal und die 1174 geweihte Benediktuskapelle erhalten. Der zweischiffige Kapitelsaal umfasst sechs Gewölbejoche. Sie werden von kantigen Bögen getrennt, die in Raummitte auf zwei Säulen mit bemerkenswerten, qualitätvollen Skulpturenkapitellen ruhen. Dazwischen spannen sich Gratgewölbe. Zum Kreuzgang hin ist der Raum mit Arkadenbögen geöffnet, deren Kapitelle ebenso ungewöhnlich sind. Ein Rest des originalen Fußbodens hat sich über der Grablege eines Abtes erhalten, der hier bestattet wurde.

Fragment des originalen Fußbodens im Kapitelsaal. Glasierte und unglasierte Keramikplättchen sind zu einem kunstvollen Muster zusammengefügt.

Seite 80:
Die Gestalt Daniels, der von Löwen umgeben ist, ist die am besten erhaltene Malerei. Die sitzende Figur trägt ein kupfergrünes Gewand und einen roten Mantel. Links neben ihm ist vage der Kopf eines Löwen zu erkennen.

unten:
Das Gewölbe der Benediktuskapelle wird in der Raummitte von kräftigen Säulen, an den Wänden von schlanken Doppelsäulen getragen. Da die Fußbodenhöhe verändert wurde, stehen die Säulen heute auf großen Steinblöcken.

Das Besondere des Raumes sind die Wände und Gewölbe bedeckenden Reste des romanischen Malereizyklus, der aber nach mehrfachem Übermalen und Freilegen im 19. und 20. Jahrhundert eher zu erahnen als zu sehen ist. Man brachte diese Malereien in einen Zusammenhang mit den Ausmalungen der ehemaligen Klosterkirche von Bonn-Schwarzrheindorf, die um 1150 entstanden sind, und datierte damit diesen Teil des Kreuzgangs in dieselbe Zeit. Dies lässt sich aber weder mit der Gesamtbauzeit noch mit der Skulptur in Übereinstimmung bringen. Aufgrund des rudimentären Zustands ist eine Neubewertung nicht mehr möglich.

Die dem Ordensgründer Benedikt geweihte Kapelle ist wie der Kapitelsaal ein sechsjochiger Raum, der ebenfalls mit Kreuzgratgewölben zwischen sichelförmigen Gurten überwölbt wurde. Die Säulen sind kräftiger als die des Kapitelsaals und haben Pendants in den den Wänden vorgelagerten Doppelsäulen. Der in der Mittelachse liegende Chor ist im Osten vorgelagert. Die damit verbundene Apsis brach man um 1810 ab. Unter dem Kölner Dombaumeister Ernst Friedrich Zwirner wurde die Wand zwischen Kapitelsaal und Benediktuskapelle beseitigt, das Portal zum Kreuzgang durch ein Fenster ersetzt und neue Stützen eingefügt. So konnte ein Kirchenraum entstehen, in dem ab 1828 Gottesdienste für die evangelischen Bewohner der Arbeitsanstalt gefeiert wurden.

Im Obergeschoss des Ostflügels lag einst der Schlafsaal der Mönche, während sich am Südflügel des Kreuzgangs der Speisesaal befand. Beides fiel der baulichen Erneuerung der Klostergebäude zum Opfer.

Blattkapitell in Kompositform mit an den Ecken hockenden Figuren und Pinienzapfen anstelle von Eckvoluten im Kapitelsaal.

Die spätromanischen Kapitelle von Brauweiler und der sogenannte Samsonmeister

Der umfangreiche Bestand an bedeutenden romanischen Skulpturen macht Brauweiler zu einem besonderen Ort. Schon die bereits besprochenen frühen Muldennischenreliefs und die Langhauskapitelle haben im Rheinland eine Sonderstellung. Ganz außerordentliche Qualität besitzt aber die Skulptur aus dem letzten Drittel des 12. und Anfang des 13. Jahrhunderts, die für den Kreuzgang, angrenzende Räume und den Chor der Klosterkirche geschaffen wurde.

Die in situ verbliebenen Kapitelle an den Arkadenpfeilern sind zumeist einfache, zierliche Blattkapitelle, deren Blätter an der Oberfläche modelliert, scharf gezackt, jedenfalls kleinteilig erscheinen. Die Doppelkapitelle wirken reicher und weisen neben bewegten Blättern auch drachenartige Vögel und andere Fantasiewesen auf. Besonders charakteristisch für diesen Abschnitt der Brauweiler Werkstatt sind die zahlreichen Bohrungen, mit denen Linien und Säume hervorgehoben werden.

Fortgeschrittener erscheinen die Kapitelle des Kapitelsaals. Das Blattwerk ist plastischer, bewegter und windet sich in komplizierten Drehungen. Zwischen den großartigen Blättern tauchen kleine nackte Figürchen auf, die sich im Blattwerk niedergelassen haben und daran festklammern. Auf einer Seite hockt eine jugendliche Gestalt auf einem Blattstängel, während ihr zwei seitlich sitzende Vögel in den Haaren wühlen. Der Gesichtsausdruck des nackten Jünglings wirkt fast erstaunt über diese Zärtlichkeit. Beim zweiten Figürchen haben sich die Vögel wie gelangweilt abgewendet. Geduckt sitzt eine ältere schnurrbärtige Gestalt unter dem Blattwerk; von ihr scheinen die Vögel kaum Notiz zu nehmen. Auch wenn die Körperbildung und die Form von Händen und Füßen noch etwas grobförmig erscheinen, sind diese Blatthocker doch eine erstaunliche Erfindung der Bildhauer.

Die Drachenvögel starren sich über das herzförmig gebundene Blatt grimmig an.

An den Doppelkapitellen, die sich in der Öffnung zwischen Kapitelsaal und Kreuzgang befinden, sind Drachenvögel jeweils am Hals zusammengebunden. Da ihre Schwänze sich mit dem nächsten dieser Tiere verknoten, ergibt sich ein scheinbar unlösbarer Reigen. Ob damit das überwältigte Böse, der überwundene Unglaube gemeint ist, können wir nur vermuten. Einen Beleg dafür gibt es nicht.

Die an den Ecken sitzenden Figürchen umklammern mit ihren Beinen den Ansatz des Blattbüschels und umarmen nicht nur ein Blatt, sondern auch den Hals eines Vogelwesens.

Diese Tiere mit drachenartigen Köpfen haben ihre langen Schwänze ineinander geschlungen. Ein gekordelter Halsring und eine ornamentierte Deckplatte rahmen das Kapitell ein.

Einen wahrnehmbaren Entwicklungsschritt zeigen die Skulpturen der an den Kapitelsaal anschließenden, ehemals davon getrennten Benediktuskapelle. Da beide Räume wohl nicht in einem größeren zeitlichen Abstand entstanden sind, kann man sehen, wie geradezu rasant sich diese Bildhauerwerkstatt entwickelte. Das Weihedatum 1174 ist der einzige konkrete Anhaltspunkt für eine Datierung, da man hier

Seite 86/87:
Blätter, Drachenvögel und menschliche Figürchen füllen die Kapitelle der Benediktus-kapelle.

Seite 88:
Auf Zehenspitzen tänzelnd umfasst der Jüngling mit den schönen Locken ohne Mühe den Hals der Drachenvögel.

von einer Fertigstellung ausgehen darf. Die Kapelle bot, weil sie auch Wandvorlagen mit Doppelsäulen aufweist, mehr Möglichkeiten für kunstvolle Kapitelle. Wagemutiger und selbstbewusster erscheinen die Blatthocker. Sie umfassen nicht nur das Blattwerk, sondern haben auch die Hälse der Drachenvögel umklammert. Die sehen sich grimmig an, verhaken ihre Schwänze. Eine ununterbrochene Reihe von Menschen und Vögeln umzieht damit das Kapitell.

An einem der Kapitelle haben sich die Blatthocker von den Kanten entfernt und behaupten sich stolz in der Mitte der Front. Nicht mehr geduckt unter dem Blattwerk sitzend, erheben sie ihre Köpfe sogar über den oberen Rand und stellen ihre Füße fast elegant auf den unteren. Die Körper sind durchgeformter, die Gliedmaßen zartgliedriger. Einige der schön gelockten, jugendlichen Wesen haben die Beine angezogen und tänzeln nur noch auf den Zehenspitzen. Die Augen der Figuren sind mit einer schwarzen Glaspaste gefüllt, um den Ausdruck zu verstärken. Fast könnte man annehmen, dass die Bildhauer die ungewöhnlichen Bewegungsmotive an den Langhauskapitellen gesehen haben, aber viel besser als die dort arbeitenden Steinmetze in der Lage waren, sie auch umzusetzen.

Die schlanken Säulen an den Wänden sind mit Blattkapitellen geschmückt, deren Blätter tief hinterschnitten sind. Bohrungen verstärken die Plastizität des Blattwerks. Auch die gekordelten Halsringe und die Deckplatten weisen reiche Ornamente und Bohrungen auf.

Charakteristisch für die Skulpturen aus Kapitelsaal und Benediktuskapelle sind die plastische Ausarbeitung des Blattwerks, die ungewöhnliche Beweglichkeit der menschlichen Wesen, der Ausdruck der Gesichter und natürlich die Fantasie, mit der hier Pflanzen, Tiere und Menschen verbunden sind. Da diese Merkmale sich auch an Werken der Vorhalle und dem Portal der ehemaligen Klosterkirche Maria Laach

Drachenvögel und ein bärtiger Kopf in einer wenig plastischen Umsetzung finden sich an einem Kapitell am nördlichen Pfeiler im Chorraum.

unten:
Der Portalbogen, der wohl ehemals von Westen in den Kreuzgang des Klosters Brauweiler führte, befindet sich heute im Hessischen Landesmuseum Darmstadt.

Seite 91:
Reich geschmücktes Kapitell und Kämpferplatte mit rätselhaften Figuren am Darmstädter Portalbogen.

finden, möchte man in dieser am Ende des dritten Viertels des 12. Jahrhunderts entstandenen Skulpturengruppe heute die »Wiege des ›Samsonmeisters‹« sehen. Der »Samsonmeister«, einer der angesehensten Bildhauer dieser Zeit im Rheinland, ist benannt nach dem Fragment einer steinernen Figur aus Maria Laach, die als Samson gedeutet wird. Er arbeitete in der Zeit zwischen 1190 und 1220. Ihm werden zahlreiche Skulpturen zugeschrieben. Auch wenn man heute weiß, dass es nicht nur ein Einzelner war, der die wunderbaren Werke geschaffen hat, und Zuschreibung und Reihenfolge noch immer unter Fachleuten diskutiert werden, ist es unzweifelhaft, dass die Skulpturengruppe in Brauweiler als Grundlage oder Frühwerke seines Stils anzusehen ist.

In der Zeit, in der die Querhäuser neu gebaut wurden, gab es offenbar keinen guten Bildhauer in der Steinmetzgruppe. Die Kapitelle der Querhäuser wirken merkwürdig unplastisch. Von unten sehen sie fast aus, als hätte man sie im Block stehen gelassen. Zwei Kapitelle dieser unplastischen Gruppe finden sich auch im nördlichen Nebenchor. Interessanterweise wird hier ein Motiv aus Kapitelsaal und Benediktuskapelle aufgenommen, ein Blatthocker, der aber in der Art der Querhauskapitelle sehr flach ausgearbeitet ist.

Ganz ohne Zweifel aus Brauweiler, Teil wohl des westlichen Zugangs zum Kreuzgang und vermutlich noch am Ende des 12. Jahrhunderts entstanden, sind Kapitelle und Bauornamentik eines Bogens, der sich heute in Darmstadt befindet.

unten links:
Ein Jäger schießt auf einen enteilenden Hirsch; darüber wird der Hals eines Schwans durch den Bogen niedergedrückt.

unten rechts:
Ein Mönch bezahlt einen Handwerker; eine zweite Figur bettelt um ein Almosen.

Er gelangte als Geschenk an Prinz Wilhelm von Preußen, den Bruder des Königs Friedrich Wilhelm III. Prinz Wilhelm von Preußen ließ ihn im Garten seiner Sommerresidenz Schloss Fischbach (Schlesien) aufstellen. Dieses Schloss kam nach dem Tod des Prinzen in hessischen Besitz, und Großherzog Ernst Ludwig schenkte den Bogen an das Hessische Landesmuseum anlässlich des Neubaus von Alfred Messel. Eingebaut ist er dort heute am Eingang zur sogenannten Kapelle.

Der Bogen steht auf zwei aus Kalksinter bestehenden schlanken Säulen. Sie tragen mit Blattwerk belegte Kapitelle und palmettenverzierte Kämpferplatten. Die Bogenlaibung setzt links mit einer bärtigen Männerbüste an und endet rechts mit einem nackten Gnom, der aus einer Schale trinkt. Auf dem Bogen umfasst ein Rankenfries elf Medaillons mit fantastischen Darstellungen, die sich keinem einheitlichen Programm zuordnen lassen. Die hohe Qualität der Bearbeitung und die Detailausführung haben nie einen Zweifel aufkommen lassen, dass dieser Bogen in der Nachfolge der Steinmetzarbeiten an Kapitelsaal und Benediktuskapelle entstanden ist. Ob er aber unter dem Einfluss der sogenannten Samsonwerkstatt steht, bleibt umstritten. Der Bogen scheint jedenfalls vor der Chorskulptur gefertigt worden zu sein.

Die letzte Gruppe der spätromanischen Bauplastik in Brauweiler steht dann aber wieder deutlich unter dem Einfluss des Bildhauers, den man den »Samsonmeister« nennt. Sie ist nach 1200 entstanden.

Inmitten von Blattwerk tragen Fabelwesen einen bewaffneten Kampf aus.

Das spätromanische Südportal
der Abteikirche.

Die Kapitellzone an der östlichen Türlaibung des Südportals. An der inneren Kante kann man den nach unten gebeugten Drachenvogel erkennen, der an vielen Werken der Samsonwerkstatt vorkommt.

unten:
Am Kapitell des südwestlichen Vierungspfeilers verschlingt ein Bär einen Vogel.

Seite 97:
Am Doppelkapitell der südlichen Blendnischenarkatur haben die Leiber der verschlungenen Drachenvögel die Blattdekoration fast verdrängt.

Die Vorhalle des Portals, das vom Kreuzgang in das südliche Seitenschiff der Kirche führt, wurde im 19. Jahrhundert errichtet. Die eigentliche Portalöffnung ist aber mittelalterlich und weist originale Skulpturen auf. Sie zeigen einerseits große Nähe zum Darmstädter Eingangsbogen, andererseits aber auch zu den Kapitellen des Chores. An beiden Orten finden sich über Eck hervorkragende Drachenvögel mit nach unten gebeugtem Hals. In diesem Detail kann man fast ein Leitmotiv der Samsonwerkstatt erkennen, das eben nicht nur in Maria Laach, sondern auch an anderen Kapitellen des engeren Umkreises dieser Werkstatt vorkommt.

Chorjoch, Apsis und Bernhardskapelle bieten den Rahmen für eine Vielzahl von spätromanischen Kapitellen höchster bildhauerischer Qualität. Eine Besonderheit stellen die mit bloßem Auge kaum erkennbaren Kapitelle der Blendnischenarkaden im Chorjoch dar, wobei vor allem die der Südseite außerordentlich sind. Sie zeigen eine noch einmal deutlich gesteigerte Welt aus fantastischen Blättern, Fabelwesen und darin verschlungenen menschlichen Gestalten. Deren Bewegungsreichtum hat gegenüber der Benediktuskapelle deutlich zugenommen, obwohl der Stilstrang nicht wirklich unterbrochen ist.

An einem der Kapitelle findet sich auch eine Variante des oben beschriebenen Motivs der Samsonwerkstatt, bei dem die Kapitellkante durch einen Vogelrücken mit nach unten gerichtetem Kopf gebildet wird.

Seite 98/99:
Sorgfältig gearbeitete, variierende Blattkapitelle und die durch Farbigkeit betonten Bögen unterstreichen die romanische Architektur des Chores.

Seite 100/101:
Zuseiten des Eingangs zur Bernhardskapelle sieht man auf zwei Doppelkapitellen die geflügelten Evangelistensymbole Engel, Löwe, Stier und Adler.

Die hohe Qualität gilt in gleicher Weise auch für die Kapitelle in der Apsis; die Themen sind hier aber stärker christlich geprägt. Prominent hervorgehoben ist das Kapitell am Eingang zur Bernhardskapelle, das auf allen vier Seiten je eine Darstellung eines Paradiesflusses zeigt. Die Flüsse Pischon, Gihon, Euphrat und Tigris werden im Buch Genesis genannt; sie entspringen dem großen Paradiesfluss und tragen die Botschaft Christi in alle Welt. In wilde Ranken gebettete Männer gießen Wasser aus einem Gefäß. Auch wenn das Motiv auf jeder Seite dasselbe ist, wird jedes Mal eine andere Komposition gesucht. Man beachte, wie die Männer sich mit den Beinen an den Rankenstängeln festklammern, wie sie alle versuchen, mit der jeweils freien Hand einen sicheren Halt zu finden. Dem traditionellen Motiv der Paradiesflüsse wird hier neues Leben eingehaucht. An den Seiten des Kapelleneingangs befinden sich Kapitelle mit Darstellungen der Evangelistensymbole. Sie sind gegenüber den Paradiesflüssen etwas beruhigter, dennoch sehr plastisch und inmitten sich fast vom Grund lösenden Blattwerks wiedergegeben.

Karen Straub schreibt zur Kapitellplastik des sogenannten Samsonmeisters (Katalog Köln 2018, S. 22): »Die Kapitelle mit ihrem konzentrierten Kosmos an Motiven, Formen und bildhauerischen Kapriolen stellen eine wunderbare Bereicherung unserer Vorstellung der hochmittelalterlichen Sicht auf die Welt dar. Sie verbinden Erschreckendes und Humorvolles, Plausibles und Abwegiges. Sie verkörpern die Einheit der mit Aufmerksamkeit zu beobachtenden Natur mit der Sphäre des Imaginierten und Geglaubten. Sie zeigen Wesen, Dinge und Pflanzen nicht getrennt nebeneinander, sondern in einem Prozess des Übergangs und der Verwandlung.« Besser kann man diese besonderen Werke nicht charakterisieren.

unten:
Das Kapitell am Eingang der Bernhardskapelle zeigt Personifikationen der vier Paradiesflüsse als Männer, die aus Gefäßen Wasser gießen und sich dabei an die Blattstängel klammern.

Seite 103:
Der Eingang zur Bernhardskapelle demonstriert eindrücklich die reiche Architektur mit sich überlagernden Bögen, Wandrücksprüngen, eingestellten Säulen und skulptierten Kapitellen.

Seite 104:
Der Blick über den Prälaturhof zeigt rechts den Mittelbau, links den Nordflügel der barocken Prälatur mit ehemaliger Abtwohnung und Remise.

unten:
Auf der Hofseite der Prälatur tritt der mittlere Pavillon in fünf Achsen deutlich hervor und hat eine andere, höhere Dachform. Er ist durch zahlreiche Pilaster vertikal gegliedert.

Die neuzeitlichen Klostergebäude

Bis zum 16. Jahrhundert veränderten sich die Klostergebäude wenig. Dann erneuerte man die Obergeschosse um den Kreuzgang. Aus dieser Zeit stammen die Rechteckfenster im Ostflügel.

Als zu Beginn der Barockzeit auch von Klöstern gestiegene Repräsentation erwartet wurde, wurde der sogenannte Mittelbau im westlichen Kreuzgang entscheidend verändert. Er erhielt eine prachtvolle Ausstattung, darunter einen Saal mit den Porträts aller Äbte. In ihm haben sich aber auch Reste des mittelalterlichen Abtsflügels erhalten. In der Verlängerung dieses Flügels wurde eine große Küche und südlich des Kreuzgangs ein Wirtschaftshof mit zweigeschossigen Gebäuden errichtet. In ihnen befinden sich heute die Restaurierungsateliers des Landschaftsverbandes Rheinland.

Der Mittelbau wurde im 19. Jahrhundert um ein Stockwerk erhöht, aber bei der Sanierung 1978–1988 wieder auf die barocke Form reduziert. Seine lange Flucht wird durch einen flachen dreiachsigen Risalit unterbrochen und zentriert.

Zur Stadtseite hin bezeugt der Ordensgründer Benedikt in schwarzer Kutte mit goldenem Abtsstab die Residenz der Benediktiner in Brauweiler. Über ihm sieht man das von Karl V. verliehene Wappen der Reichsabtei mit Adler und goldenem Stab.

Die barocke Prälatur

Nicht nur von den weltlichen Fürsten bis hinunter zum Edelmann mit kleinem Gebiet, auch von den geistlichen Herren erwartete man im 18. Jahrhundert repräsentative Selbstdarstellung. Zu ihnen gehörten nicht nur die Erzbischöfe, die ja meist auch weltliche Herrschaft über ihre Gebiete ausübten, sondern überdies die Äbte der großen Klöster. Ruhm und Ansehen eines Klosters erforderte in dieser Zeit eine entsprechende Architektur. Deshalb war es schon fast zwingend, dass Abt Anselm Aldenhoven (1778–1802) dies relativ spät, am Ende des 18. Jahrhunderts nachholte und zu den vorhandenen Klosterbauten ein Gebäude hinzufügte, das den Reichtum und Einfluss der Abtei widerzuspiegeln in der Lage war. Man berief den angesehenen Baumeister Nikolaus Lauxen (1722–1791), der seine Ausbildung im Umkreis von Balthasar Neumann erhalten hatte. Anselm beauftragte ihn, westlich der alten Klosterbauten eine neue Prälatur zu errichten.

Lauxens Entwurf orientierte sich an den Schlossbauten der Zeit. Es entstand eine Dreiflügelanlage mit einem eindrucksvoll lang gestreckten Baukörper an der Straße. Eine neue Vorhalle bezog auch die Kirchenfront in diesen Entwurf ein. Sowohl zum Hof als auch zur Straße hin wurden Schaufronten ausgebildet, die sich nur wenig unterscheiden. Jedem, der sich dem Kloster näherte, offenbarte sich demonstrativ durch die Größe, es gibt 25 Fensterachsen, und die Fassadendekoration der Reichtum des Klosters. Feinsinnig hat der Architekt die einzelnen Bauteile voneinander unter-

unten:
Die korbbogig überspannte Einfahrt gibt den Blick auf den Mittelbau frei. Die originellen Ovalfenster auf beiden Seiten weisen nicht nur oben, sondern auch in der unteren Mitte einen Keilstein auf.

Seite 108/109:
Die lang gestreckte Straßenfront wird durch die hervorgehobene Mitte und die schwächer ausgebildeten Eckrisalite strukturiert.

unten:
Der Aufgang zu den Festsälen hat das originale geschmiedete Treppengeländer bewahrt, das mit sich überschneidenden Kreisen und Rauten einen klassizistischen Charakter aufweist.

Seite 111:
Im Kaisersaal hat sich etwas vom Glanz der ehemaligen Ausstattung erhalten. Das Zentrum der Decke nimmt das Symbol der Dreifaltigkeit ein.

schieden und doch gleichzeitig zu einer überzeugenden Einheit verschmolzen.

Das Zentrum der Prälatur, in dem der Festsaal liegt, ist durch eine aufwendigere Gliederung und eine höhere Dachform, Skulpturennischen und Wappen besonders hervorgehoben.

Während hier die Pilaster die Vertikalgliederung übernehmen, schloss der Architekt in den seitlichen Flügeln die Fenster über die Gesimse hinweg zu vertikalen Bänden zusammen. Nur am mittleren Pavillon finden sich innen wie außen die längsovalen Fenster, und nur an diesem Bauteil haben die Pilaster einen weißen Spiegel. An den Eckrisaliten wie an den schmalen Risaliten der Querflügel sind sie durchgehend rot. Die gerundeten Kanten der Risalite sind durch eine Bänderung besonders betont. Die durch so feine Differenzierung belegte Qualität der Architektur ließe sich noch weiter vertiefen. Am Ende der Barockzeit hat der Architekt Nikolaus Lauxen für das Kloster Brauweiler einen höchst anspruchsvollen Repräsentationsbau entworfen.

In der repräsentativen Prälatur muss es etliche aufwendig ausgestattete Innenräume gegeben haben. Aufgrund der häufigen Nutzungsänderungen haben sich leider nur zwei Räumlichkeiten erhalten, die die ursprüngliche Ausstattung erahnen lassen. Ihre zarten, symmetrisch angelegten Stuckformen und die helle Farbigkeit weisen deutlicher als der Außenbau darauf hin, dass das barocke Zeitalter zu Ende war und der Klassizismus begonnen hatte.

Der sogenannte Kaisersaal nimmt fast das gesamte obere Stockwerk des Mittelpavillons ein

Seite 112:
Die Stuckdekorationen über den Kaminen des Kaisersaals sind besonders kunstvoll.

unten:
Die Felder über den Türen werden mit fein stuckierten Räuchervasen, Blattwerk und Lorbeergehängen gefüllt. Sie symbolisieren gewissermaßen den Wohlgeruch, der den Raum erfüllen sollte.

und ist auch höher als die angrenzenden Räume. Er besticht durch die wiedergewonnene zarte Farbigkeit in Weiß, Rosa und Hellgrün sowie die Qualität des Stucks. Fein kannelierte Pilaster gliedern seine Wände und tragen das wenig ausladende Gesims. Zwischen den Fenstern sind in flachen Stuckreliefs die Symbole der Jahreszeiten in Form von Gehängen dargestellt. In der zur Decke überleitenden Rundung erscheinen in der Mittelachse auf der einen Seite die Kaisertochter Mathilde mit ihren Insignien, auf der anderen ihr Gatte Pfalzgraf Ezzo. Über den marmornen Kaminen an den Stirnseiten, die mit Delfter Kacheln ausgekleidet sind, finden sich Rauchgefäße, die von Sphingen präsentiert werden. Auf der einen Seite des Saals schließt diese Achse mit dem Wappen des Klosters, auf der anderen Seite mit derjenigen von Abt Anselm Aldenhoven. Zuseiten der Wappen spielen kleine Engel mit den Symbolen der Elemente Feuer, Wasser, Luft und Erde.

Im Zentrum der Decke strahlt vom goldenen Auge Gottes, das in das Symbol der Dreifaltigkeit eingebunden ist, die göttliche Macht und Liebe über Jahreszeiten, Elemente und Menschen.

Der in der Nordwestecke der Prälatur gelegene etwas kleinere Äbtesaal war von den Wohnräumen des Abtes aus direkt zugänglich und diente ihm zum Empfang von Gästen. Seine türkis gefassten Wände werden durch schwache Stuckleisten in Felder gegliedert, die Fenster und Türen umfangen. In die Zwischenfelder sind in ovalem Rahmen mit schwarzem Stuck Bildnisse von Kirchenvätern und Ordensheiligen gesetzt. Diese schwarzen Reliefs bringen einen starken optischen Kontrast in die Dekoration. In den Supraporten, den Feldern über den Türen, werden die Verkörperungen der christlichen Kardinaltugenden Glaube und Hoffnung präsentiert. Es wird angenommen, dass in dem Feld dazwischen – heute wieder

Seite 114/115:
Zwischen den Darstellungen von Glaube und Hoffnung befindet sich im Äbtesaal unter dem eigenen Wappen heute wieder ein Bildnis des Bauherrn Abt Anselm Aldenhoven. Die schwarzen Reliefbildnisse setzen einen deutlichen Akzent in diesem Raum.

Seite 116:
Die neue Vorhalle der Abteikirche übernimmt Gliederung und Farbigkeit der barocken Prälatur, während sie sich den Proportionen des romanischen Kirchenbaus anpasst.

rekonstruiert – ein Bildnis des Bauherrn Abt Anselm Aldenhoven zu sehen war, bekrönt mit seinem Wappen. Damit repräsentierte er die dritte christliche Tugend, die Liebe. Die Dekoration des Äbtesaals ist in ihrem Programm deutlich religiöser als die des Kaisersaals. Die beiden Räume demonstrieren damit die weltliche und die geistliche Funktion der Reichsabtei.

Zusammen mit der neuen Prälatur erhielt die Klosterkirche auch eine neue Vorhalle; der romanische Vorgängerbau wurde abgebrochen. Ihre Fassade ist der Architektur der Prälatur angepasst. Sie ist dreiachsig und mit Pilastern gegliedert. Das mittlere Feld des Erdgeschosses gibt dem Portal Raum. Für die Rundbogennische über dem Portal schuf der Bildhauer Stefan Kaiser (geb. 1956) eine Nikolausfigur, die 1991 aufgestellt worden ist. Die originale Figur ging im Zweiten Weltkrieg verloren. In die Felder rechts und links des Portals sind längsovale Fenster gespannt; die oberen rechteckigen Fenster schließen mit einem flachen Segmentbogen. Ein einfacher Volutengiebel bekrönt die Fassadenfront.

Das Torhaus

Das Torhaus ist Teil der ursprünglichen Klosterumfriedung, die vor Aufhebung des Klosters einen eigenen Rechtsraum definierte. Es wurde in der Art eines Pavillons 1765 errichtet und hat mehr einen repräsentativen, einladenden Charakter als einen verschließenden. Eine rundbogige Durchfahrt durchbricht das Erdgeschoss; ein geschwungenes Mansarddach bedeckt den quadratischen Bau mit den zwei großen Fenstern im Obergeschoss. Heute beherbergt das Torhaus zwei Gästeappartements.

Eine Zelle in der Gedenkstätte
des ehemaligen Frauenhauses.

Das Ende des klösterlichen Lebens

Im Sommer 1794 waren die französischen Revolutionstruppen dem Rhein bedrohlich nahe gerückt. Da Plünderungen nicht nur durch die feindliche Armee, sondern auch durch die Verteidiger zu befürchten waren, floh Abt Anselm Aldenhoven mit dem größten Teil des Konvents nach Köln. Zurückgelassen wurden drei Mönche und die Bediensteten. Nach Ende der Kosterbesetzung kehrten die Mönche vorerst zurück und versuchten, klösterliches Leben fortzuführen. 1797 inventarisierten die Franzosen den gesamten Besitz und registrierten auch die Konventsmitglieder. Die Bedrückungen nahmen zu. Im August 1802 wurde die Abtei im Rahmen der allgemeinen Säkularisation aufgehoben, 1804 der neuen Pfarrei Brauweiler die ehemalige Klosterkirche als Pfarrkirche zugewiesen.

1809 richtete man im Kloster eine Bettleranstalt ein und baute es den neuen Erfordernissen entsprechend um. Die nördlich gelegene Laurentiuskapelle, die bis dahin den Laien als Gottesdienstraum gedient hatte, wurde abgerissen, ebenso der nördliche und der westliche Kreuzgangflügel; später wurde der Mittelbau um ein Stockwerk erhöht. In preußischer Zeit ab 1815 dienten die Gebäude als sogenannte Arbeitsanstalt für die Rheinprovinz, und man errichtete dazu weitere Gebäude. So wurde an der Westseite des Wirtschaftshofs ein dreigeschossiges Gebäude mit Beamtenwohnungen errichtet.

Ab 1920 wurden Gebäudeteile an die Kölner Justizverwaltung als Gefängnis vermietet, ab 1933 war Brauweiler für zwölf Monate Konzentrationslager und danach Gefängnis der Kölner Gestapo. Zu dieser Zeit gehörten auch der abgesetzte Kölner Oberbürgermeister Konrad Adenauer und seine Ehefrau für zwei Monate zu den Häftlingen. Nach dem Krieg nutzte die britische Armee Brauweiler als Lager für ehemalige Zwangsarbeiter. Danach richtete man wiederum eine Arbeitsanstalt ein, die wegen der miserablen Bedingungen einen sehr schlechten Ruf hatte. 1954 wurde die Abtei in die Verwaltung des neu gegründeten Landschaftsverbandes Rheinland (LVR) übergeben, die dort bis 1978 eine Klinik für psychisch kranke, alkohol- und drogenabhängige Menschen unterhielt.

Das Frauenhaus

Der lang gestreckte Ziegelbau, der 1840 bezogen werden konnte, war wie eine stark vereinfachte Schlossfassade gegliedert. Ein Mittelrisalit tritt mit vier Achsen vor die Front, zusätzlich hervorgehoben durch einen Giebel. Die seitlichen Risalite sind etwas schwächer ausgeprägt und umfassen drei Achsen.

In diesem Gebäude waren bis zur Schließung des Landeskrankenhauses 1978 ausschließlich Frauen untergebracht. Sie sollten in der Arbeitsanstalt »zum ordnungsgemäßen und arbeitsamen Lebenswandel« erzogen werden. Neben Frauen ohne Wohnung, Prostituierten und sogenannten gefallenen Mädchen waren auch psychisch Kranke hier eingeschlossen. Für besondere »erzieherische Maßnahmen« gab es im Keller auch Zellen, in die die Frauen eingesperrt wurden.

1952 saß die später ermordete Rosemarie Nitribitt hier ein. Sie ist nur ein Beispiel, wie wenig diese »erzieherischen Maßnahmen« nutzten. Sofort nach ihrer Entlassung arbeitete sie – mit beachtlichem wirtschaftlichen Erfolg – wieder als Prostituierte.

Während der größte Teil des Hauses heute für die Verwaltung des Landschaftsverbandes Rheinland genutzt wird, ist im ehemaligen Zellentrakt eine Gedenkstätte eingerichtet worden.

Das Werkstattgebäude

Um die Insassen zu beschäftigen und die Produktivität der Anstalt zu erhöhen, wurden 1882 im Osten der Abtei Werkstattgebäude errichtet. Erhalten blieb die ehemalige Textilwerkstatt, in der heute die Schreinerei untergebracht ist.

Das aus Ziegeln erbaute Gebäude wird durch Pfeiler gegliedert. Mit wenigen Mitteln ist im Eingangsbereich eine repräsentative Fassade ausgebildet. Sie schließt mit einem treppenförmigen Ziergiebel. Über dem Portal demonstriert eine vertiefte kreuzförmige Fläche den vorgeblichen christlichen Ansatz der hier vollzogenen Zwangsmaßnahmen.

Frauenhaus und Werkstattgebäude (unten) sind typische Beispiele dafür, dass im 19. Jahrhundert der Wunsch bestand, in der Klosterumgebung auch solchen Gebäuden Würde zu verleihen – unabhängig davon, was darin geschah.

Seite 122:
In der Fassadenbekrönung im Hofseitenflügel der Prälatur steht die Gottesmutter als apokalyptische Frau auf der Mondsichel und zertritt die teufelsköpfige Schlange und den Apfel des Sündenfalls.

Schlussbemerkungen

Als schönstes Kloster vor den Toren Kölns prägt die Abtei Brauweiler seit langer Zeit das Bild der Region. Sie hatte das Glück, von der Zerstörung des Zweiten Weltkriegs verschont geblieben zu sein, und stellt damit – auch nach den Umnutzungen und Umbauten im 19. und 20. Jahrhundert – ein nahezu unverfälschtes Zeugnis von bedeutender Bau- und Kunstgeschichte im Rheinland dar. Das spätromanische Kloster mit Kreuzgang und Kirche kann neben einer bemerkenswerten Ausstattung vor allem mit herausragender Bauplastik glänzen. Die repräsentative barocke Prälatur nimmt es an Qualität und Ausdehnung mit vielen Schlössern auf.

Es ist aber nicht nur der Reichtum an Kunst und Architektur, der die zahlreichen Besucher aus aller Welt anzieht. Es ist auch die besondere historische Bedeutung von Brauweiler, es ist die Geschichte der großen Bauherrinnen Mathilde und Richeza aus der kaiserlichen Familie oder das Wirken Bernhards von Clairvaux, die das Interesse an diesem Ort steigern.

Heute, da das Kulturzentrum des Landschaftsverbandes Rheinland sich die Anlage mit der Kirchengemeinde teilt, kommen nicht nur Gläubige zu den Gottesdiensten, sondern auch Musikliebhaber zu den Orgelkonzerten in der Kirche und den Freiluftkonzerten im Klosterhof. Die ehemalige Abtei ist ein Ort der Kultur, von Konzerten, Ausstellungen und Vorträgen geworden. Sie werden vom Landschaftsverband, vor allem aber vom Freundeskreis der Abtei veranstaltet. Als Treffpunkt für Kulturinteressierte, als stille Oase vor der lärmenden Großstadt, aber auch als Wallfahrts- und Pilgerort erfreut sich Brauweiler größter Beliebtheit.

Stuckrelief mit Bernhard von Clairvaux im Äbtesaal.

Seite 124/125:
Nach einer umfangreichen Sanierung 1978–1988, bei der zum Beispiel das aufgesetzte dritte Geschoss des Mittelbaus wieder abgetragen wurde, konnte in den ehemaligen Klostergebäuden unter anderem das LVR-Amt für Denkmalpflege im Rheinland mit den Werkstätten, das LVR-Archivberatungs- und Fortbildungszentrum und das LVR-Kulturzentrum Brauweiler untergebracht werden.

Literaturauswahl

Walter Bader, *Die Benediktinerabtei Brauweiler bei Köln. Untersuchungen zu ihrer Baugeschichte*, Berlin 1937

Reiner Haussherr, »Die Skulptur des frühen und hohen Mittelalters an Rhein und Maas«, in: *Rhein und Maas. Kunst und Kultur 800–1400*, hrsg. von Anton Legner, Ausst.-Kat. Schnütgen-Museum, Köln 1972/73, Bd. 2, Köln 1973, S. 387–406

Brigitte Kaelble, *Untersuchungen zur großfigurigen Plastik des Samsonmeisters*, Düsseldorf 1981 (= Beiträge zu den Bau- und Kunstdenkmälern im Rheinland, Bd. 27)

Moritz Woelk, *Bildwerke vom 9. bis zum 16. Jahrhundert aus Stein, Holz und Ton im Hessischen Landesmuseum Darmstadt*, Darmstadt 1999

Uwe Bathe, *Der romanische Kapitelsaal in Brauweiler. Eine kritische Bestandsaufnahme seiner Architektur, Bauskulptur und Malerei*, Köln 2003

Udo Mainzer, *Die ehemalige Benediktinerabtei Brauweiler*, Köln 2003 (= Rheinische Kunststätten, Heft 474)

Peter Schreiner, *Die Geschichte der Abtei Brauweiler bei Köln 1024–1802*, Pulheim 2009

Peter Schreiner, Monika Tontsch, *Die Abteikirche St. Nikolaus und St. Medardus in Brauweiler. Baugeschichte, Ausstattung, Lapidarium*, 3. erw. Aufl., Pulheim 2011

Sabine Cornelius, *Die Abtei Brauweiler in drei Gängen*, hrsg. vom Landschaftsverband Rheinland, Köln 2018

Der Samsonmeister und seine Zeit. Skulptur der Romanik im Rheinland, hrsg. von Karen Straub und Adam Stead, Ausst.-Kat. Museum Schnütgen, Köln 2018

Bildnachweis

S. 8 oben: Stadt Pulheim, Luftbild von 2008
S. 8 unten: LVR-Amt für Denkmalpflege im Rheinland, Gottfried Reinhard
S. 12: Repro aus: Peter Schreiner, Monika Tontsch, *Die Abteikirche St. Nikolaus und St. Medardus in Brauweiler. Baugeschichte, Ausstattung, Lapidarium*, 3. erw. Aufl., Pulheim 2011, Abb. 16, S. 16 unten
S. 13: © Hohe Domkirche Köln, Dombauhütte Köln, Foto: Matz und Schenk
S. 15: LVR-Amt für Denkmalpflege im Rheinland, Jürgen Gregori

Für alle anderen Abbildungen: © Florian Monheim, Krefeld (www.bildarchiv-monheim.de)

FREUNDESKREIS ABTEI BRAUWEILER e.V.

LVR Qualität für Menschen

Lektorat: Petra Böttcher, Köln
Gestaltung: Thomas Neuhaus, Billerbeck, und Steffy Schüller, Köln
Gesetzt aus der Proforma
Lithografie: Prepress, Köln
Papier: GardaMatt Art
Druck und Bindung: Passavia, Passau

ISBN 978-3-7743-0900-5

Detaillierte Informationen über alle unsere Bücher finden Sie unter:
www.greven-verlag.de